区域创新与
江西师范大学青年类分组例系列丛目

产权主体、财务行为与财务治理研究：以典型企业为例

Subject of Property Right, Financial Behavior and Financial Governance:
Based on the Typical Enterprises as Examples

黄小勇●著

经济管理出版社
ECONOMY & MANAGEMENT PUBLISHING HOUSE

图书在版编目（CIP）数据

产权主体、财务行为与财务治理研究：以典型企业为例/黄小勇著 . —北京：经济管理出版社，2014.4

ISBN 978 - 7 - 5096 - 2605 - 4

Ⅰ. ①产⋯　Ⅱ. ①黄⋯　Ⅲ. ①企业管理—财务管理—研究　Ⅳ. ①F275

中国版本图书馆 CIP 数据核字（2013）第 200480 号

组稿编辑：杜　菲
责任编辑：杜　菲
责任印制：杨国强
责任校对：李玉敏

出版发行：经济管理出版社
　　　　　（北京市海淀区北蜂窝 8 号中雅大厦 A 座 11 层　100038）
网　　　址：www. E - mp. com. cn
电　　　话：（010）51915602
印　　　刷：大恒数码印刷（北京）有限公司
经　　　销：新华书店
开　　　本：720mm×1000mm/16
印　　　张：12. 25
字　　　数：243 千字
版　　　次：2014 年 4 月第 1 版　2014 年 4 月第 1 次印刷
书　　　号：ISBN 978 - 7 - 5096 - 2605 - 4
定　　　价：48. 00 元

总　序

改革开放以来，中国经济发展取得了令世人瞩目的巨大成就，被誉为"中国奇迹"，其中的一个重要原因就是不再沿袭改革开放之前的区域均衡发展战略，而是针对现实国情，分阶段地采取了适合当时国情的"区域非均衡发展战略"、"区域非均衡协调发展战略"和"统筹区域经济发展战略"等立足区域的国民经济发展之路。这一区域发展路径的递进选择，凝结了一代又一代中央领导人锐意改革的卓越智慧，凝结了勤劳、勇敢的中国人追求国家富强、民族崛起的精神力量，其中的规律性认知必将成为当代主流区域经济管理与发展理论的核心组成部分。

改革开放之初，在邓小平同志"两个大局"区域发展思想的指导下，我国实行的是沿海地区优先发展的区域非均衡发展战略。这一战略历经了"六五"（1981~1985 年）和"七五"（1986~1990 年）两个五年计划的实践，取得了很大的成就，突出表现为东部区域经济得到迅速发展，同时在一定程度上带动了中西部区域经济的发展，从而有力推动了全国经济的整体发展。但其弊端也很快显现，突出表现为区域经济水平差距显著扩大，由此引发了区域发展中的效率和公平冲突问题。从 20 世纪 90 年代初起，中央开始调整 80 年代的区域发展战略，在坚持非均衡发展的基础上，强调区域之间的协调发展。即在坚持全方位推进改革开放基本战略的宏观架构下，强调国家投资和产业布局向中西部地区转移、实施西部大开发战略以及扶贫协作和对口支援等区域政策，以促进东部地区和西部地区经济的协调发展。然而，由于中西部地区的原有基础较差，加上新投资主要集中在基础设施建设等方面，东、中、西部地区差距仍在继续扩大。由此表明"区域经济非均衡协调发展战略"仍有一定的局限性，由此催生了以科学发展观为指导的"区域经济统筹发展"战略的诞生。2003 年 10 月，中共十六届三中全会明确提出了"科学发展观"这一重要指导思想。在科学发展观的指导下，中央明确实施"统筹区域协调发展战略"，包括要积极推进西部大开发，有效发挥中部地区的综合优势，支持中西部地区加快改革发展，振兴东北地区等老工业基地，鼓励有条件的东部地区率先基本实现现代化，逐步形成东、中、西部经济互联互动、优势互补、协调发展的新格局（"十一五"规划）。"十二五"规划进一步从实施区域发展总体战略、实施主体功能区战略、完善城市化布局和形态及加强城镇化管理四个方面落实统筹区域发展战略。2012 年中共十八大则进一步提出了创新驱动发展战略，在强调加快转变经济发展方式的同时，更加注重区域经济协调发展。指出，"继续实施区域发展总体战略，充分发挥各地区比较优势，优先推进西部大开发，全面振兴东北地区等老工业基地，大力促进中部地区崛起，积极支持东部地区率先发展。"由上可知，改革开放以来，中国的区域经济发展战略经历了一个从非均衡发展到非均衡协调发展再到统筹区域发展的不平凡的历程。其间虽因"摸着石头过河"走了一些难以避免的弯路，但更多的是伟大的成功实践经验，值得年青一代经济管理学者去总结、提炼。只有总结提炼好中国本土的区域管理与发展规律，才能为相关制度改革提出有针对性的政策建议，才能为进一步丰富和发展西方主流的区域经济理论作出应有的贡献，因为"只有民族的才是世界的！"

江西师范大学位于具有深厚历史文化底蕴、素有"物华天宝、人杰地灵"美誉的江西省省会南昌。学校融文学、历史学、哲学、经济学、管理学、法学、理学、工学、教育学、艺术学十大学科门类于一体，对江西的政治、经济、文化和社会发展有较大影响，被江西省人民政府确定为优先发展的省属重点（师范）大学。尤其是 2012 年成为教育部与江西省人民政府共建高校和中西部高校基础能力建设工程高校以后，学校全面转入内涵建设，并在学生培养、教学、学科建设与科学研究等方面取得较好的成绩。学校国家社科基金、自然基金立项数位居全国师范院校前列。

近年来，在"统筹区域协调发展战略"的指导下，中央推出了一系列与江西省直接相关的区域发展战略，如中部崛起、鄱阳湖生态经济区及振兴赣南原中央苏区规划等，为江西省迎来更大发展创造了千载难逢的历史机遇！就此，江西师范大学经济与管理研究团队积极响应，潜心治学，推出了一系列既有一定学理素养，又有一定应用价值的研究成果。这次即将出版的江西师范大学《区域创新与发展研究丛书》正是紧扣国家"统筹区域协调发展"时代背景下产生的最新理论研究成果。由于区域创新与发展的研究涉及经济学、管理学、地理学、社会学等多学科门类，是一个学科交叉的研究领域，具体研究内容相当广泛，包括政府与市场的关系、企业治理、产业集聚与转移，财政与金融政策，区域发展制度的公平与效率关系等。因而丛书选题广泛涉及区域创新与发展领域的各个层面，如企业治理与创新、产业集群与转移、政府与市场的关系、投资与货币政策、教育公平与效率及就业与经济增长等热点及难点问题，是近年来学校诸多青年专家及博士的最新研究成果。

　　《区域创新与发展研究丛书》的出版得到社会各方面的关心和支持。在此，我们向始终支持和关心我校学术研究的各位领导及专家表示衷心的感谢！对经济管理出版社的领导和编辑为丛书出版所付出的辛勤劳动表示衷心的感谢！可以期待，这套丛书的出版将对区域管理与发展的理论研究产生一定的影响，并对促进区域协调与科学发展起到积极有力的推动作用。

梅国平

2014 年 4 月

前　　言

　　企业的利益相关者，也称产权主体，其基本内涵没有太大的差别，在本书中被定义成一个概念。产权主体在组织中有其自身独特的效用目标，效用目标在产权主体间的差异是否会对产权主体的财务行为产生影响？而产权主体的财务行为是否会影响企业整体财务行为？企业又如何对此提出相应的财务治理机制？站在产权主体效用目标的角度对这些问题进行分析的财务理论还较少，也正是本书研究命题提出的空间。现代企业的本质决定了其是由相应的产权主体在契约基础上形成的利益共同体，包括投资者、债权人、管理者、国家、员工和顾客等产权主体，产权主体都有自身的效用目标，或者说是价值取向，会直接影响到自身的财务行为，进而对企业的整体利益产生影响。要保证企业共同目标，就必须构建相应的财务治理机制，找到产权主体博弈的均衡点，实现产权主体的共同治理。

　　本书的研究过程主要围绕以下专题展开：产权主体（利益相关者）的效用目标对产权主体的财务行为具有重大的影响，这主要是通过文献综述所做出的初步判断；为更加深入地从理论上论证这一命题，从博弈论角度进一步分析了效用目标差异对产权主体财务行为的影响；理论论证只是加深论证的一方面，唯有从实证角度加以求证，才有利于把财务理论运用到实践中。在后续的章节中，通过财务目标选择、国企改制模式、财务治理结构模式、集团财务控制、财会管理组织、企业并购、剩余权分配、内部控制制度、内部人控制、财会制度设计和非效率投资、资产重组等财务专题，分别站在产权主体效用目标角度，先进行理论探讨，然后用相应的案例进行论证，最后形成相关的财务治理启示。

　　通过利用博弈论分析法，研究模型的选择、占优策略的选择，最终设置出有效率的机制来分配和制衡各个利益主体的权力，并对产权主体影响下的企业各种财务行为进行研究，分析产权主体效用目标对企业财务行为的影响；通过案例分析法，结合从实践调研中收集到的相关案例，能够有效地论证企业在产权主体财务行为方面的主要问题，同时将研究的结果运用到相关企业中，由此检验研究的实际应用价值；通过调研分析法，实地调研知名国有企业或民营企业的目标、财务模式以及产权主体的构成和其内外部环境，为分析利益相关者的财务行为提供事实依据，并为建立相关研究机制提供第一手资料。

通过对产权主体效用目标行为的研究进而设计出一套机制以达到制衡各个产权主体的目的，完善了企业的财务治理结构，为企业创造出更大的社会效益；用博弈论的方法，利用企业实际案例对产权主体的博弈财务行为进行实证分析，从而找到与目标绩效大体一致的占优模型；提出了产权主体效用目标影响下的企业财务行为理论。通过构建效用目标差异、产权主体财务行为与企业财务治理的逻辑关系，论证了产权主体在效用目标下展开博弈，在财务方面会产生自己的行为倾向，最终作用于企业财务行为方面。

通过综合地应用博弈论、财务学、社会学、计量经济学、金融学等学科的理论与方法，对产权主体效用目标下影响的企业财务行为进行了系统研究，得出了相关的研究结论：①现代企业的本质是产权主体在效用目标上签订的契约，其行为受到效用目标的影响；②产权主体效用目标具有差异性，并在效用目标差异性方面展开博弈，从而产生各自价值取向的财务行为；③企业共同利益的保证，需要激励和约束好各产权主体的财务行为倾向，在设置共同治理机制时尽可能考虑到所有产权主体的利益，从而实现企业价值最大化。

本书是在江西省高校人文社科课题《效用目标、财务行为与财务治理研究——基于现代企业代理冲突视角》的基础上完成的，凝聚了相关课题组成员的巨大心血，由江西师范大学财政金融学院黄小勇副教授总负责。各章节参与和撰稿情况如下：第一章、第二章、第三章：黄小勇、徐新华、郭倩；第四章、第五章、第十章、第十一章：黄小勇、徐新华；第六章：黄小勇、黄国其、何世安；第七章、第八章：黄小勇；第九章：黄小勇、刘红梅；第十二章：黄小勇、黄思睿、何世安；第十三章：黄小勇、饶庆林；第十四章：黄小勇、万俏宇；第十五章：黄小勇、程皇家。该书的出版得到了江西师范大学财政金融学院陈运平院长、祝晓霞书记、卢宇荣副院长、唐天伟等专家的大力支持，并得到江西师范大学财政金融学院的出版资助，在此一并表示衷心的感谢。在课题研究和写作过程中参阅了大量文献和案例，并得到相关企业的支持，在此对文献作者和提供案例的企业致以诚挚的谢意。由于水平有限，书中不妥之处，敬请读者批评指正。

黄小勇

2013 年 9 月于洪城

目　　录

第一章 总论

一、研究背景及意义

（一）研究背景

20 世纪 60 年代末期，学术界涌现出了大量有关企业理论的文献，这些文献大部分都围绕着"企业黑箱"、交易费用、委托代理理论、信息不对称等展开了激烈的评论。因此，在关于企业理论的研究领域中逐渐形成了两大理论："股东至上论"和"利益相关者理论"。两者最大的冲突在于企业剩余索取权和剩余控制权的归属。前者认为，企业的剩余索取权和控制权应归属于企业的货币资本所有者；后者认为，企业的剩余索取权和控制权应根据实际情况非均匀地分散在货币资本所有者和人力资本所有者中。但是作为主流理论的新古典主义经济学的致命缺陷在于它无法给出充足的理由和证据解释"为什么企业的所有权必须归货币所有者即股东所有"这个根本问题。随着经济全球化发展和跨国公司的对外扩张，20 世纪 70~80 年代，利用"股东至上论"的观点对企业进行管理，确实让当时的经济得到了快速地发展。然而伴随着经济的增长，企业伦理问题、企业社会责任、环境保护、中小股东利益侵占等一系列问题也不断暴露出来。这对当时的主流理论提出了挑战，整个市场的大环境都在呼吁企业应更多地考虑相关利益主体的需求。

早在 1937 年发表的科斯理论就认为，企业在本质上是一组不完备的契约，各要素的拥有者（如物资资本所有者和人力资本所有者，即狭义的企业利益相关者）以其拥有的具有排他性的财产所有权进行缔约。因此，企业并非属于股东所有，其本质是利益相关者的契约集合体，利益相关者是所有那些在公司真正有某种形式的投资并且处于风险之中的人，包括股东、经营者、员工、债权人、顾客、供应商、竞争者和国家等。利益相关者理论正式形成至今还不足 20 年的时间，但已经取得了多方面的进展。国内外专家学者和机构对利益相关者从不同的角度、不同的领域进行的研究，为其理论发展做出了重要贡献。总之，利益相关者理论的核心思想就是强调企业是利益相关者关系的结合体，通过契约来规范各个主体的权、责、利，并将企业的剩余索取权和控制权非均匀地分散在各个货币资本所有者和人力资本所有者中，进而为整个社会创造出更大的财富和更好地承担社会责任。

无疑产权主体理论从更宽广的视觉上对公司治理进行了指导，但是利益相关者们自身所存在的问题却会阻碍许多方案的实施。目前，有关利益相关者的财务行为等方面的研究还有待发展，对各个相关主体之间的博弈行为的研究涉猎更少。本书的重点就是研究"产权主体效用目标影响下的财务行为"，而且设计出一套机制规范各主体间博弈的财务行为的机制，以便降低由于产权主体之间的利益冲突所带来的显性和隐性损失以及过程中所发生的资源损耗。

（二）研究意义

从理论价值上看，本书从产权主体博弈的角度出发，系统地分析了企业中不同产权主体的特征属性、利益诉求以及财务行为。从研究内容上与过去的研究相比较，有其独特之处。并在理论分析和博弈研究的基础上提炼出财务治理有效运作的平衡机制，推进了产权主体理论在财务治理研究领域的发展。同时，为将来关于产权主体的研究提供了更广阔的出发点和思考方向。

从实际应用价值上看，本研究成果在企业管理中的运用，不仅能为股东创造价值，而且有助于与企业相关的各产权主体实现价值增值。更重要的是为我国企业有效应对不同产权主体的利益要求提供了基本依据和解决思路。所提出机制不仅在理论上是合理的，而且在现实中也是具有操作性和可行性的。

二、研究目标和主要内容

（一）研究目标

本书利用理论与实证相结合的研究方法，从各主体利益目标出发充分研究产权主体之间的博弈行为，剖析其影响机理与抉择行为，从而设计出一系列科学合理的、能对利益相关者的财务行为权力分配和制衡作用的机制，为企业进行有效的财务治理提供理论依据和实践基础。具体是：①分析中应注重考虑其他利益主体的收益问题；②选择合适的指标评价利益相关者财务行为和目标绩效最优；③机制设计过程中不能忽视社会的整体利益和长远发展，各利益相关者应自觉承担相应的社会责任；④案例的选择应具有代表性，以便更好地将理论联系实际，以检验研究成果。

（二）主要内容

本书从文献综述入手，在对大量理论基础熟悉的前提下，阐述了国内外学者对利益相关者和产权主体财务行为的研究现状，表明利益相关者理论产生与发展源远流长，引出研究的主要目的在于设计出一套利益相关者均衡机制，以规避利益相关者之间的冲突。第三章描述效用目标差异对产权主体财务行为影响的博弈分析，在博弈的视角下看效用目标如何影响财务行为的机理，利用非合作博弈的理论，分析企业利益相关者的财务行为。并结合了充分的论证，为本书其他内容的研究奠定理论基础。第四章是产权主体与财务目标选择，详述"股东"、"管理者"、"债权人"三者在财务治理中有绝对话语权的主体为利益相关者的财务目标选择，结合企业契约理论，通过格林柯尔系的案例整理和分析，印证财务目标选择理论框架。层层递进，第五章至第十五章进行细化研究，基于产权主体的角度，分析其与企业内部和外部财务行为的相关影响，产权主体与财务目标选择、财务治理结构模式、产权主体与国企改制模式、企业并购等，在对理论基础概述做出说明后，加以详细的企业案例论证，并得出相应的研究结论。本书的内容始终贯穿研究思路，运用描述性案例研究方法，即在形成的理论导向基础上进行案例分析，并得出结论。

三、研究方法、研究思路与创新之处

（一）研究方法

1. 博弈论分析法

主要采用博弈论方法，对产权主体的财务行为进行相应的分析。通过模型的选择、占优策略的选择，最终设置出有效率的机制来分配和制衡各个利益主体的权力。除了在理论研究部分利用了博弈论方法，在后续章节专题研究中也应用了博弈的观点对产权主体影响下的企业各种财务行为进行了研究，分析了产权主体是如何受其效用目标的影响并进而影响企业财务行为的。

2. 案例分析法

通过前期从实践调研中收集到的相关案例，结合案例里面的相关内容，站在产权主体角度，利用效用目标剖析案例，从而论证理论的可行性和有效性，并且利用理论中的内容为企业解决实际问题，提出方案。通过案例分析法，能够有效地论证企业在产权主体财务行为方面的主要问题，同时将研究的结果运用到相关企业中，由此检验本书的实际应用价值。

3. 调研分析法

通过实地调研知名国有企业或民营企业的目标、财务模式以及产权主体的构成和其内外部环境，进行深度会谈，并撰写调研报告，为分析利益相关者的财务行为提供事实依据，也为建立相关研究机制提供第一手资料。

（二）研究思路

首先，要明确将产权主体纳入财务治理的必要性，从理论上给予支持。通过实际调研所产生的结果，分析当前企业中产权主体财务行为的特征，从而设计出一套有效的机制来规避各主体行为所带来的不利风险和损失；同时规范利益主体的财务行为，并由此形成各自的权力制约机制。然后通过博弈论的分析方法，对收集的数据以及设想的机制进行实证检验和分析。最后，将修正的结果用于案例模拟中，检验其可操作性和实际的应用价值。

（三）创新之处

（1）关于产权主体的相关文献大多是研究其理论本身，但关于产权主体效用目标的财务行为方式研究的文献却为数不多，通过对产权主体效用目标行为的研究进而设计出一套机制以达到制衡各个产权主体的目的，完善企业的财务治理结构，创造出更大的社会效益。

（2）通过博弈论，利用企业实际案例对产权主体的博弈的财务行为进行实证分析，从而找到与目标绩效大体一致的占优模型，为企业实际财务行为的完善提供实证支持。

（3）尝试提出了产权主体效用目标影响下的企业财务行为理论。通过构建效用目标差异、产权主体财务行为与企业财务治理的逻辑关系，论证了产权主体在效用目标下展开博弈，在财务方面会产生自己的行为倾向，最终作用于企业财务行为，并影响企业绩效。

第二章 文献综述：利益相关者与产权主体财务行为

利益相关者研究始于 20 世纪 60 年代的西方国家，进入 20 世纪 80 年代以后其影响迅速扩大，开始影响英美等国公司治理模式的选择，促进了企业管理方式的转变。在利益相关者研究的形成与发展过程中，形成了一系列理论，我们将其统称为利益相关者理论（Stake holder Theory）。由于本书主要目的在于设计出一套利益相关者均衡机制，以规避利益相关者之间的冲突，故应对涉及利益相关者财务行为的相关理论进行回顾。①

一、利益相关者理论的国内外研究现状

利益相关者理论的产生和发展绝对不是偶然，它的出现具有深刻的时代背景。随着经济的发展，企业面临着更为复杂的经营环境，像企业伦理道德、企业社会责任、环境保护、中小股东利益侵占等一系列问题不断暴露，整个社会都在呼吁企业应更多地考虑相关利益主体的需求，其标志性的事件就是 1990 年美国《宾夕法尼亚州 1310 法案》的颁布。

企业在进行财务治理过程中，首先应根据自身的业务特点明确其核心利益主体群，从而才能通过合理有效的机制来均衡各个利益主体的能量，避免冲突的发生和资源的无形消耗。如果连谁是企业的利益相关者、这些利益相关者分别具有怎样的属性都没有弄清楚的话，是不可能有效地开展利益相关者管理的。而关于利益相关者的界定和分类也是利益相关者理论中的最重要组成部分。

---

① 本章主要内容参考笔者协助指导的硕士生郭倩的毕业论文《利益相关者非合作博弈的财务行为与机制设计研究》。

（一）利益相关者的界定

事实上，第一次提出公司应该为利益相关者服务的想法可以追溯到 1929 年美国通用电气公司的一位经理的就职演说。关于定义"利益相关者"概念方面，国外的研究大概经历了三个阶段，它的发展是一个从利益相关者影响到利益相关者参与的过程。在 20 世纪 60 年代，斯坦福大学研究小组给出的利益相关者的定义是：对企业来说存在这样一些利益群体，如果没有他们的支持，企业就无法生存。人们开始认识到，企业存在的目的并非仅为股东服务，在企业的周围还存在许多关系到企业生存的利益群体；20 世纪 80 ~ 90 年代初，Freeman 和 Reed（1983）在进行了详细的研究后给利益相关者下的定义为，能够影响一个组织目标的实现或者能够被组织实现目标过程影响的人或群体；Clarkson（1995）、Mitehell 和 Wood（1997）指出，利益相关者就是在一个公司的过去、现在和将来的活动中拥有或宣称拥有权利或利益的个体或群体；Wheeler 和 Maria（1998）从更广义的角度上指出，非社会性的个体与群体也是企业的利益相关者，如恶化的或改善的自然环境（包括地球的大气层、海洋和土地）、人类的后代、非人物种等。到 90 年代中期，美国经济学家 Blair 对利益相关者定义进一步变化为，是所有那些向企业贡献了专用性资产，以及作为既定结果已经处于风险投资状况的人或集团。对于利益相关者的界定问题，Mitehell 和 Wood.（1997）曾罗列了关于"谁才是利益相关者"的 27 种看法（见表 2 - 1）。

表 2 - 1 Mitehell 和 Wood 的"谁才是利益相关者"

学者	观　点
Stanford memo（1963）	对企业来说存在这样一些利益群体，如果没有他们的支持，企业就无法生存
Rhenman（1964）	利益相关者是通过企业来实现各自的目标，而企业也是依靠利益相关者而存在着
Ahlstedt & Jahnukainen（1971）	利益相关者由于被自己的利益和目标所驱动从而参与到企业中，企业也需要利益相关者
Freeman & Reed（1983）	从广义上看，利益相关者可以影响组织目标的实现同时也参与了组织的全过程；从狭义上讲，利益相关者是组织实现自身目标必须依赖的人
Freeman（1984）	利益相关者是一个能够影响组织目标或者被组织目标所影响的人
Freeman & Gilbert（1987）	利益相关者能够影响组织目标，组织也能影响利益相关者
Cornell & Shapiro（1987）	利益相关者是与企业有关系的、有要求权的人
Evan & Freeman（1988）	利益相关者是在企业中下"赌注"或有要求权的人
Evan & Freeman（1988）	利益相关者由于公司活动而获利或受损，由于公司活动而被尊重或受辱

学者	观点
Bowie（1988）	没有利益相关者的支持公司将不再存在
Alknafaji（1989）	利益相关者是对公司负责的群体
Carrol（1989）	利益相关者能够以所有权或法律的名义对公司资产进行收益，因为他们是在公司下了注的人
Freeman & Evan（1990）	利益相关者是与公司有契约关系的人
Thompson et al.（1991）	利益相关者是与公司有着密切关系的人
Savage et al.（1991）	利益相关者通过组织活动获益，也影响着组织活动
Hill & Jones（1992）	利益相关者是对企业有合法要求的群体，通过建立一种交换关系，如向企业提供重要资源从而满足自己的利益
Brenner（1993）	利益相关者与组织有合法和不平凡的关系，如交易关系、行为影响、道德责任等
Carroll（1993）	由于利益相关者在组织中下了注，所以势必被组织影响或影响组织
Freeman（1994）	利益相关者是价值创造的参与者
Wicks et al.（1994）	利益相关者与公司有联系，并赋予了公司一定的含义
Langtry（1994）	公司必须对利益相关者的福利负债，利益相关者对公司具有法律和道德上的要求
Starik（1994）	利益相关者在公司下了注，将潜在或直接地影响组织的活动或被组织影响
Clarkson（1994）	利益相关者和物质资本、人力资本、财务资本一样同时承担着公司运营的风险，他们由于公司的活动而承担风险
Clarkson（1995）	利益相关者是对一个企业及其活动拥有索取权、所有权和利益要求的人
Nasi（1995）	利益相关者是与公司有关联的人，他们将运营变成了可能
Brenner（1995）	利益相关者是影响公司/组织或被公司/组织影响的人
Donaldson & Preston（1995）	利益相关者是对公司活动及运营有合法利益要求权的人或群体

资料来源：Mitehell, A. & Wood D. Toward a Theory of Stakeholder Identification and Salience: Defining the Principle of Who and What Really Counts. Academy of Management Review, 1997, 22 (4).

由此可见，在西方经济学界中，关于利益相关者的界定是十分模糊而且从未真正地形成一个统一的观点，Thomas M. Jones（1995）也曾强调"利益相关者这个概念实在不太清楚，非常含糊"，但是，其中 Freeman（1984）与 Clarkson（1994）的表述最具代表性，而且这两个概念的对比能够说明学术界对此概念界定的趋势。

贾生华、陈宏辉（2002）对利益相关者界定的研究在国内有一定代表性，他们认为"利益相关者"是指那些在企业中进行了一定的专用性投资，并承担了一定风险的个体和群体，其活动能够影响该企业目标的实现，或者受到该企业实现其目标过程的影响。这一概念既强调了是利益相关者对企业进行了专用性的投资，也强调了企业和利益相关者之间密切的联系。与之前所给出的界定比较而言，更加清晰地阐述了利益相关者的本质特征。

（二）利益相关者的分类

能够明确"谁是利益相关者"并不意味着能对利益相关者进行管理抑或是约束个体之间的行为，同样也不可能明确每一种不同利益群体之间的行为特征。因此，了解利益相关者的分类显得尤为重要。

国外对利益相关者分类研究主要集中在"多维细分法"和"米切尔评分法"。根据这两种方法进行的分类，国外主要有以下代表：

Freeman（1984）从所有权、经济依赖性和社会利益三个不同的维度将利益相关者分为：所有持有公司股票者、对企业有经济依赖性的利益相关者以及公司在社会利益上有关系。

Frederick（1988）从是否与企业发生市场交易关系的角度将利益相关者分成直接利益相关者和间接利益相关者，其中直接利益相关者包括股东、企业员工、债权人、供应商等；间接利益相关者包括中央政府、地方社会活动团体、媒体、一般公众等。

Grant T. Savage（1991）从合作性和威胁性两个维度将利益相关者分为四类：支持型的利益相关者、边缘型的利益相关者、不支持型利益相关者和混合型利益相关者。

Clarkson（1994）根据利益相关者群体在企业经营活动中承担的风险种类，将利益相关者分为自愿利益相关者和非自愿利益相关者。Clarkson（1995）还根据相关群体与企业的紧密性将利益相关者分为主要利益相关者和次要利益相关者。

Wheeler（1998）将社会性维度引入到利益相关者的分类标准中，将所有利益相关者分为四类：首要的社会利益相关者、次要的社会利益相关者、首要的非社会利益相关者以及次要的非社会利益相关者。

Rachel（2004）研究了会计专业机构危机时期的利益相关者分类，将利益相关者分为确定型利益相关者和非确定型利益相关者。

国内学者在利益相关者分类这个问题上也取得了丰硕的成果。如：万建华（1998）根据利益相关者是否与企业有正式的、官方的契约将利益相关者划分为一级利益相关者和二级利益相关者；陈宏辉（2003）从主动性、重要性和紧急性三个维度界定出了三类利益相关者即核心利益相关者、蛰伏利益相关者、边缘利益相关者，并且通过问卷调查的实证研究方法对其结论进行了论证；张秋来（2006）基于 AHP 的思想对利益相关者分类体系进行了构建；郝桂敏（2007）从企业需求和企业实力两个角度对不同发展阶段的企业利益相关者进行了分类，将利益相关者分为重要利益相关者、次要利益相关者和一般利益相关者（这种分类考虑到企业自身的因素，比以前的研究前进了一步）。

（三）利益相关者纳入财务治理的必要性

Armen Alchian 和 Harold Demsetz（1972）指出，企业的实质不是雇主与雇员的长期合约而是团队生产，企业是多人共同工作的团队组织，成员的边际产出与其他成员的努力相关。也就是说，企业的本质是合约关系，不仅包括团队成员间的合约关系，还包括与供应商、消费者和贷款人的合约关系，企业是使许多冲突的目标在合约关系框架中实现均衡的结合点。Jensen 和 Meckling（1976）对团队理论的解释进一步拓展了利益相关者责任的内涵，但仍严格遵循股东本位并将企业产权界定给了股东。显然，现代企业理论已认识到企业是利益相关者的契约并构建了利益相关者责任的基本框架的重要性。

同时，国内的学者也从多个角度分析利益相关应纳入财务治理的必要性。

李心合（2001，2003，2005）对财务治理的研究主要是强调利益相关者财务治理与控制，并将财务治理问题嵌入制度财务学分析框架中。

杨淑娥（2002，2005）强调财务治理是通过财权在不同利益相关者之间进行配置以协调各方在企业财务体制中的地位，从而提高公司治理效率。

韩建学（2005）从法学的角度强调了利益相关者参与公司治理的必要性。他提出面对世界范围内利益相关者参与公司治理呼声的日益高涨，我国公司、企业方面的立法应突破所存在的"瓶颈"。他对利益相关者的保护范围偏窄、在对待职工问题上不彻底、各规定之间冲突矛盾以及对利益相关者问题缺乏强制性规范等方面提出了新的意见。

李妍玮、康新春、田丽红（2006）分析到债权人作为民营企业的主要利益相关者之一，参与民营企业公司治理有非常重要的现实意义，有利于债权人和民营企业双方的协调发展得以体现。同时还提出银行应作为债权人参与民营企业公司治理的核心主体的基础上，从民营企业与银行两个层面进行公司的财务治理，有利于民营企业的持续发展、有效缓解民营企业融资困境以及提高银行收益，建立良好的银企关系等。

何一名（2006）提出，公司的共同治理是利益相关者关于公司所有权结构最优配置的契约集合，它是由内部治理结构、外部治理结构和边缘治理结构有机组合而成。这也是从侧面反映出公司的财务治理若能够纳入利益相关者的参与，则所有权结构将更加合理。

周璇（2008）认为，要加强我国银行在公司治理中作用的发挥可以通过完善贷款合同、强化"三查"制度的实施、切实发挥银行监事的作用、积极参与企业债务重组、充分利用主办银行地位等做法来实现，进一步加强大贷款人参与企业财务治理的力度。

任海云、张峰（2008）利用 1998～2003 年沪、深两地 A 股上市公司为样本所进行的实证研究表明，我国企业中各主要利益相关者显性经济利益份额及其发展趋势存在明显差别，股东并非显性经济利益最大的相关者；各主要利益相关者显性经济利益与公司业绩相关程度及其发展趋势存在明显差异，股东并非公司最重要的利益相关者。其结论，将企业与利益相关者共同治理在我国有很强的现实意义。

邓汉慧、赵曼（2008）提出随着现代企业利益关系的多元化，利益相关者问题已成为企业治理安排中不可或缺的要素；然而利益相关者理论在企业实践中存在"可适性"（可操作性）问题。核心利益相关者在企业中进行了高专用性投资，直接参与企业经营活动并承担了高风险，其活动直接影响企业目标的实现和企业的生存与发展；虽然不同企业核心利益相关者群体的利益要求以及对这些利益要求的重视程度存在显著差异，但他们的利益取向基本一致。其观点，"企业核心利益相关者共同治理"是现代企业治理的一种新思维。

王世权、王丽敏（2008）利用实证分析，得出利益相关者权益的有效保护有利于公司价值的提升，并且，在利益相关者权益保护的各层次评价指标中，利益相关者关系管理、中小股东参与治理、投资者关系管理以及其他利益相关者关系管理均表现出了对公司价值的正向影响。

王启亮（2009）认为，组织必须重视利益相关者导向的企业文化，根据所获得的市场信息促使企业构建一个开放的、和谐的文化氛围，进而达到企业内部一致的诚信经营理念、团队协作精神、规范化的管理以及组织不断的学习与创新，是一种由内而外的企业文化构建与创新的原动力。

张琦、张象玉、程晓佳（2009）认为，任何改革都是在外部环境与内在因素共同作用下的必然结果，政府会计改革也不例外，它由内在技术因素所诱发，但受制于外部环境和利益相关者政治博弈的约束。虽然他们并未谈及利益相关者财务共同治理问题，但是一切的管理变革若不能考虑利益相关者的存在与需求，那么在将来的实施过程中将面临莫大的阻力。

二、影响利益相关者财务行为的相关理论国内外研究现状

利益相关者能够影响一个组织目标的实现或能够对组织实现目标的过程产生重大影响，这些利益主体是一个复杂的群体，这个复杂的群体是由具有不同特性的众多个体所组成的。由于企业各利益相关者之间存在财务信息不对称、治理过程中所产生的委托代理问题以及契约的不完备都将影响利益相关者的行为。而关于信息不对称、委托代理、契约不完备的理论也一直是财务界研究的热点领域。

国外学者对于影响信息不对称理论、委托代理理论和契约不完备理论的研究是相互渗透的。Berle 和 Means（1932）在所有权分散和集体行动成本很高的情况下，从理论而非实证的角度看，职业型的公司经理，多半是无法控制的代理人。

Aklerolf（1970）最早分析了产品质量信息的不对称对交易行为的影响，指出由于买主与卖主对产品质量信息的不对称会导致逆向选择从而出现"柠檬市场"，使得低质量产品把高质量产品逐出市场。

Jensen 和 Mecking（1976）认为，如果委托代理双方都追求效用最大化，那么代理人不会总以委托人的最大利益而行动。经理人员被认为是决策或控制的代理人，而所有者则被认为是风险承担者。

Mirrless（1976）认为，"委托人"和"代理人"概念来自法律。而经济学上的委托代理关系泛指任何一种涉及非对称信息的交易，交易中有信息优势的一方称为代理人，另一方为委托人。这样定义背后隐含的假定是，知情者的私人信息影响不知情者的利益，或者说，不知情者承担风险，这一点也表明非对称信息问题与委托代理是等价的问题。

Fama 和 Jensen（1980）指出，在企业的所有权与控制权分离的情况下，将企业的决策管理与决策控制分开，能限制决策代理人侵蚀股东利益的可能性。公司、私人所有制、合伙制、互助以及非营利是形式上的不同，它们在风险分担的利益和代理成本之间互相替换。

Myaers 和 Majluf（1984）通过实证模型，分析了融资中的信息不对称引起的投资不足问题。企业经营者以现有股东财富最大化为目标。如果经营者以高于真实价值的价格发行风险性证券时，他们就会发行这种被高估的风险性证券以最大化原有股东的财富。当外部投资者知道经营者的这种行为趋向后，自然会把企业

发行股票等风险性证券当成一种坏消息：当公司宣布发行股票时，外部投资者不了解企业的真实价值而企业又必须通过股票为新项目融资时，股价可能被严重低估，这时投资者将获取新项目 NPV 的绝大部分而使原有股东受损，代表现有股东利益的经营者就会放弃 NPV 大于零的投资项目而发生投资不足。

Narayanana（1988）则认为，当信息不对称只涉及新项目的价值时，会发生投资过度现象，即 NPV 小于零的项目也可能被实施。

Hart（1995）认为，"缔约主体对修正契约的条款"这类争论实质只是影响剩余的分配结构，而不会带来企业总剩余的增加，属于非生产性，所以是无效率的。

针对中国市场所呈现的特征，国内学者周其仁、张维迎、杨瑞龙和周业安、（1996，1997，2000）等从人力资本、产权理论、信息不对称等角度提出了许多独特的见解；雷新途（2009）还对不完备财务契约缔结和履行机制进行了研究。

三、文献评述

"谁是利益相关者"、"如何区别各类利益相关者的特征属性"、"利益相关者是否应参与企业的共同治理"是过去几十年中利益相关者领域内争论的三大主要问题，对于这些问题的回答也构成了未来研究利益相关者的理论基本。只有企业明确了谁才是需要关注的利益主体，所关注的主体具有怎样的特性，以及充分保护利益相关者的权益，明确利益相关者在企业财务治理中的位置时，才可以获得长期、稳定、健康、可持续的发展。

利益相关者参与下的企业财务共同治理模式确实可以让企业在一个开放、和谐的氛围中前进，同时也可以构建出一个信息透明度较高的契约网。张荣武、毛政珍（2009）表示利益相关者共同治理具有以下明显特征：有助于形成有效的激励约束机制，激发创新，降低代理成本，提高公司财务治理效率；相对于股东利益至上的逻辑而言，利益相关者共同治理强调由多方共同所有，比股东单方独享更为公平合理，也使公司更易于吸引或积累资源。由此可见，利益相关者共同治理方面有不可比拟的优势。但是企业同样不可以忽视，利益相关者（Stakeholder）既然已在企业中"下注"（Stake），那么各个主体就享有剩余索取权。利益相关者的目标是不相同的，但有一点是共性，即通过财务治理实现各自利益最大化也就是实现最大化的剩余索取权。各利益主体的内在需求一开始的目标都是利益最大化，而企业经济利益总量是不变的，所以各利益主体之间的竞争是客观存在的，加之信息不对称形成的逆向选择或道德风险、委托代理关系中由代理问题造成的无效率以及契约关系本身的不完备，这种竞争格局将愈演愈烈，非合作博弈财务行为也就由此诞生。

在企业财务治理过程中，若不能很好地处理各利益相关主体之间的非合作博弈行为，会阻碍企业的成长。若企业单纯地依靠共同治理模式，会导致利益相关者之间出现争抢利益的局面，也无法规避各个主体间的利益冲突。因此，在企业财务治理中可以辅以相机治理机制，以便提高组织的运行效率。

公司财务治理是指股东及其他利益相关者为实现公司长远目标，对企业财权进行合理配置，用以平衡各方财务权、责、利关系，形成有效的财务激励和约束机制等的一套正式的、非正式的制度安排和机制。故企业财务治理过程中，应以利益相关者理论为基础，考虑影响利益相关者财务行为的相关因素下，构建一个以共同治理为主、相机治理为辅的动态治理均衡机制是十分必要的，从而规避利益相关者的非合作博弈财务行为，实现企业和各个相关主体共同发展的目的。

第三章　效用目标差异对产权主体
财务行为影响的博弈分析

产权主体具有自身独特的效用目标，其效用目标会不断的影响产权主体的财务行为，本章①主要从影响利益相关者财务行为相关理论出发，对效用目标如何影响财务行为的机理进行博弈分析，以充分的论证效用目标差异对产权主体财务行为的影响机理，从理论上做出有效判断，为后续章节的研究提供理论支持。

一、影响利益相关者财务行为的有关理论

利益相关者能够影响一个组织目标的实现或能够对组织实现目标的过程产生重大影响，这些利益主体是一个复杂的群体，这个复杂的群体又是由具有不同特性的众多个体所组成的。由于企业各利益相关者之间存在财务信息不对称、治理过程中所产生的委托代理问题以及契约不完备性都将影响利益相关者的行为。

（一）信息不对称理论

信息不对称理论是指在市场经济活动中，各类人员对信息的了解是有差异的；掌握信息充分的人员，往往处于比较有利的地位，而信息贫瘠的人员，则处于比较不利的地位。信息不对称这个问题由阿克尔洛夫于 1970 年在哈佛大学经济学期刊上发表的《次品问题》一文提出。信息不对称理论的意义不仅是它说明了信息的重要性，更重要的是它研究了市场中的人因获得信息渠道的不同、信息多寡而承担着不同的风险和收益。这也为未来信息经济学、行为经济学、博弈论以及委托代理理论的发展奠定了基础。

---

① 本章主要内容参考笔者协助指导的硕士生郭倩的毕业论文《利益相关者非合作博弈的财务行为与机制设计研究》中的一部分。

由于信息不对称问题的存在可能造成信息占有优势一方经常会诱发"道德风险"和信息占有劣势一方面临交易中的"逆向选择"，这样的直接后果是扭曲了市场机制的作用，误导了市场信息，造成市场失灵。因此，必须设计最优的市场机制方案来防止信息不对称问题带来的"市场失灵"，这一理论不仅为洞察市场经济的运行拓宽了理论视角，而且也为企业财务治理的机制设计和政策选择提供了具有启发性的思路。

（二）委托代理理论

委托代理理论是信息经济学的产物，是契约理论的重要发展。关于委托代理问题最早出现于1976年Jensen和Meckling在美国《金融经济学杂志》中发表的《企业理论、管理行为、代理成本与所有权结构》一文中。企业是一种契约的代理关系被定义为委托人与代理人订立的明的或者暗的合同。委托代理关系中，委托人与代理人均是谋求自身利益最大化的理性经纪人，所以代理人不一定会以委托人的利益需求作为自己利益的追求。

同时，委托人与代理人站在不同的视角，投入的资源也不相同，各自对待风险的态度必然千差万别。在信息对称、企业完备的情况下，每一个行为人都要对自己的行为承担相应的责任，每一个行为人的行为在发生时即可能被其他人获悉，此时也就不存在所谓的委托代理问题。正因为现实的经济生活中到处都充斥着信息不对称，代理人往往掌握了更多的信息，凭借这种信息优势，代理人便可以实施不利于委托人利益要求的行为或者决策。此时，委托代理问题就变得重要了。委托代理问题是一个非常现实的存在，如何解决委托代理问题也一直是理论界的经典话题。按照Jensen和Meckling的观点，要想解决委托代理问题，最关键的就是解决委托人与代理人之间的利益偏差：委托人必须给予代理人适当的激励，并花费一定的成本予以监督，从而降低代理成本，缓解彼此之间的利益冲突。

（三）不完备契约理论

不完备契约理论是现代契约理论最新和最重要的理论进展。出于对委托代理理论全面的反思，Grossman、Hart、Moore等人指出由于交易费用和机会主义行为的存在、人的有限理性和信息的不对称性，所有的契约都是不完备的。契约的不完备性主要表现为"契约中包含缺口和遗漏条款"（Hart，1986）：第一，契约中不可能包涵未来的所有不确定因素；第二，契约中不可能规定所有缔约关系人的权、责、利，往往只做出了通用的约束条款和制定粗略的框架；第三，由于契约关系人缺乏对条款的熟悉或者疏忽等主要因素，致使条款根本未发生作用，从而归于无效。

企业是要素交易的契约（张五常，1983），由于企业要在一个不确定的世界中生存必须随机应变，企业中不可能存在一个完备的合约。如果企业存在完备的合约，则每个人均要对自己的行为承担一致的责任，由此也不存在所谓的代理问题了。企业是一个不完备的契约意味着，当不同类型的财产所有者作为参与人组成企业时，每个参与者在什么情况下干什么、得到什么，并没有完全明确的说明（张维迎，1996）；正是因为这种不完备性才导致了企业治理的复杂性。在现代经济学文献中，一个不完备契约经常被描述为不明确的契约，该契约随着时间的推移需要进行修正或重新协商。

二、利益相关者内在机理的理论初步判断

目前，关于利益相关者财务治理的机制主要分成了以下两种：第一，共同治理机制。由于企业所有权状态具有依存性，推崇"股东至上论"似乎并不可行，将利益相关者融入到企业的财务治理中，推行"共同治理"的模式更符合现代企业的特征。具体讲，股东会、职代会、工会按照一定的选择形成了所谓的董事会和监事会，进而董事会遴选管理层，监事会负责董事会以及管理层的监督。这样，便将股东、管理者、职工等各个方面的主体变成了利益相关者，形成了所谓的"共同治理"机制。第二，相机治理机制。其依据是关注企业所有权的或有特征，主要通过对剩余控制权的争夺来改变既定利益的格局，Aghion 和 Bolton（1992）很好的总结了这一点。相机治理机制的作用在于监督。利用相机治理机制对企业实施监督，可以发现剩余索取权和剩余控制权是否匹配，同时抑制管理者过于追逐私利而出现道德风险的行为。

（一）企业所有权的状态依存

谁可以分享企业的所有权？传统意义上，企业的所有者归属于物质资本所有者或者更确切地说应该是股东。但仅仅将股东作为公司所有者是一种误导（Blair，1995），在某些特殊的情况下，这种状态依存的关系会发生改变，管理者、债权人、雇员等均可以是企业的所有者。而关于对所有者的状态依存性的问题张维迎已做过详细的解释，简单地说：①管理者若能创造出高于股东预期的满意利润，则股东并不会监督管理者，从而管理者成为了企业的所有者；②企业若不能保证债权人、雇员的合同收益（企业可能出现破产的迹象），则此时债权人

将成为企业的真正所有者。

因此，可以得出结论：

（1）管理者会通过成为企业实质上的控制者从自身效用目标出发，选择有利于自身利益最大化的财务行为或者财务政策，产生财务行为或者财务政策上的"道德风险"或者"逆向选择"，为此，必须构建财务治理机制，进行机制设计，以控制和约束此种行为的产生，使管理者的财务行为尽可能的倾向于为企业整体利益服务。

（2）投资者由于所持有企业的股份实现对企业最直接的控制，选择自身利益最大化的财务行为是投资者投资于企业最原始的动因。企业的投资者为了实现自身效用目标，可以违反与债权人的约定、侵害中小股东的权益等。设计出有效约束投资者行为的财务治理机制，便于实现各方利益主体价值最大化。

（3）债权人通过债权的投入，在企业特殊时期可以成为企业的控制者。也即当企业出现破产危机时，债权人成为企业控制者时，为了减少损失或者说保证收益不受损，通过直接诉讼或者申请破产等方式以降低自身的损失。而财务机制的设计在于将债权人纳入到企业的治理中，从而达到保护债权人的目的。

（二）动态耦合治理

什么是动态耦合治理？动态耦合治理不同于共同、相机治理，但又是共同治理与相机治理的结合。本书认为企业的财务治理必须考虑利益相关者的利益，但是伴随着企业所有权状态的变化，企业的财务治理也应该是动态变化的。所以，动态耦合治理就是在考虑利益相关者的不同利益诉求时，根据企业所有者状态的变化，在法律法规的指导下对企业实施动态均衡管理，从而实现利益相关者价值最大化的目标。

企业的发展是一个持续的过程，对企业利益相关者的影响也是长期的和动态的，企业利益相关者的财务行为受时机的不同，体现出不同的倾向性，对企业利益相关者的财务治理机制也是一个动态耦合的治理过程。动态耦合治理体现了企业在整体利益的基础上，为使企业能够可持续发展，必须使全体利益相关者的财务行为在效用目标的基础上能够达成一致，或者倾向于一致，在动态耦合的基础上形成一贯的财务关系，能够做到和谐、协调、耦合，使企业财务政策能够更加符合企业价值最大化。

企业的成功不仅需要对资本进行有效地运作，而且需要全体利益相关者的支持与参与。现代企业尤其是一些大型企业，其利益相关者数量众多，关系错综复杂，所面临的环境也在不断变化，因此，界定企业自身的利益相关者，确定各自的需求和期望，分析利益主体彼此之间的财务行为，根据相关主体谈判能力及影响力，构建企业的财务治理机制对利益相关者之间的财务行为进行协调与管理，才能让企业实现真正的成功。

三、非合作博弈理论及其财务行为分析

（一）非合作博弈理论

博弈论可以分为合作博弈和非合作博弈，两者的区别在于参与人在博弈过程中是否能够达成一个具有约束力的协议。倘若不能，则称非合作博弈（Non‐co‐operative Game），非合作博弈是现代博弈论的研究重点。合作博弈强调的是集体主义，团体理性（Collective Rationality）是效率、公平、公正；而非合作博弈则强调个人理性、个人最优决策，其结果是有时有效率，有时则不然。用一个简单的例子可以解释这两类博弈，如垄断市场的寡头 A、B，他们可以协议指定一个产量如海湾国家的石油产量，来维持自己的最大利润。但是在许多情况下总有为了维护自己的局部利润而提高产量的情况，结果导致价格下降，利润流失；正是由于这种非合作博弈的行为存在，所以造成了损失。

如果按博弈方行动的先后顺序划分，博弈可以分为静态博弈和动态博弈。如果按博弈方对有关其他参与人的特征、战略空间及支付函数的角度划分，博弈可以分为完全信息博弈和不完全信息博弈。综合看，就得到四种不同类型的博弈，与之相应有四个均衡概念，即完全信息静态博弈——纳什均衡、完全信息动态博弈——子博弈完美纳什均衡、不完全信息静态博弈——贝叶斯纳什均衡、不完全信息动态博弈——完美贝叶斯纳什均衡。

本书主要就是利用非合作博弈的理论，来分析企业利益相关者的财务行为，从而设计机制对利益相关者实施均衡管理，实现权责利的统一。

（二）非合作博弈下的财务行为分析

一般来说，股东的利益追求是利润并实现其战略目标：企业管理者追求更高薪酬、在职消费以及职业声誉；雇员追求工资收入、各种福利和晋升机会；债权人则关心自己投入到企业中的本金和利息能否顺利回收；供应商和经销商关心自己在与企业的交易中是否能够保持持久性的关系；消费者追求购买一种安全稳定的产品，并获取更多的消费者剩余；政府往往希望企业提供更多的税收；而特殊利益团体和社区一般都希望企业能够为改善周边的环境尽更多的力量（周鹏、张宏志，2007）。本书需要强调的是，不同的利益相关者所追求的利益要求之间可能是存在冲突的，各个利益相关者往往都是站在自身利益需求的角度来对企业提出要求，希望企业尽量履行更多的显性契约和隐性契约。如消费者往往要求企业所提供的产品或服务物美价廉。而事实上产品价格低到一定限度时，企业会无钱可赚，就会减少缴纳税赋，严重时还会危及企业的生存，这又与企业的其他利益相关者的利益要求，即政府的税收要求、股东的利润要求、员工的收入要求一一产生矛盾。利益相关者彼此之间的财务行为也是充满着矛盾和非合作特点的。

1. 股东与管理者之间非合作的财务行为

在高度分权的公司制企业中，职业经理人作为人力资本的享有者理所应当地成为了企业的管理者。由于股东的投资具有非偿还性的特征，所以股东将货币利益最大化作为目标效用函数，试图不断地缩减各方面的支出，并且更愿意接受高现金股利支付的股利分配政策。但是管理者除了有货币收益最大化这一目标函数外，还包括较多的闲暇、舒适的办公环境、追求个人荣誉和个人权力以及希图构建经理帝国等各项效用目标函数（杜兴强，2002）；同时还希望对企业的收益分配实施低现金股利的支付政策，从而增大其随意支配的额度或者降低企业由于资金周转不足时所产生的资金链断裂的风险。

股东一旦进入了企业，将成为天生的风险承担者，甚至不惜用债权人投入的资本进行高风险的投资，以获得最大的投资收益。对于管理者而言，失败的成本可以由股东和债权人负担，但是成功的收益却可以分享。由此，管理者希望将债权资本倾向于投资低风险的项目，从而保证其收益的同时又享有了声誉，这也是通常意义上的"道德风险"。

不仅如此，若企业不能成功运营进入清算时，管理者与股东在经营决策方面往往不能达成一致。当企业出现经营困境时，股东出于对自己的利益保护可能愿意将企业清算，但企业清算不仅使经理名誉受损，而且还会使他失去工作，因此经理总是想持续当前的经营，而不愿让企业成功清算。由于股东和管理者的效用目标函数不同或者说财务目标不同，使得两者之间存在着利益冲突，由此便产生了非合作的博弈行为。

2. 股东与债权人之间非合作的财务行为

股东和债权人的关系与企业的经营管理、运营状况息息相关，两者之间的利益冲突主要表现在以下三个方面：

（1）股利政策问题。对股东来说，企业实施高现金股利的股利支付政策，有利于提高股权的价值，增加企业的每股市价，从而实现其股利的分红收入和资本利得。但是，高现金股利的股利支付政策并不是债权人所喜好的，企业当期高额的现金股利将会抑制企业未来偿还本息的能力；债权人更加偏好企业的自身积累和长治久安。

（2）债权稀释问题。新发行的债券可能由于本身所具备的一些特征，如享有优先受偿权等，在一定程度上稀释了企业过往所发行的债权，这是不利于债券持有人权益的。对于债券持有人而言，发行新债加大了债券的违约风险。但对于股东而言，债权融资不仅具有融资成本低的特性，而且其每次的成本比较固定，所能创造的收益却是无限等原因，股东更愿意引入债权资本为企业未来发展提供资金。

（3）投资无效率的问题。股东和债权人的无效率投资行为主要反映在投资不足上。通俗地说，投资不足就是企业放弃投资于净现值大于零的项目。尤其是在企业出现破产迹象时，这种问题变得更加的突出。当企业不能按约定支付债权人的利息时，债权人便成为了企业的实际控制人。此时若有项目的 NPV 大于 0，项目所获得的收益将优先偿还债权人的债权，股东作为理性经济人，实施这种"出力不讨好"行为的概率是极低的。然而，在企业的正常运营中，股东也偏好投资高风险的项目，而债权人却偏好低风险的项目。

本书中的债权人不是狭义上持有企业债务的权利人，将雇员也看成是债权人和人力资本的享有者，原因在于：①无论企业是否出现破产迹象，雇员的利益都可以看成是一种"职工债权"，就如《会计准则》中一直把"应付职工薪酬"看成是企业的一项负债科目一样；②除了管理者以外，普通的职工也是企业重要的人力资本，只是在所有者状态发生改变时，职工的利益需求是有所变化的。

3. 其他利益相关者的非合作博弈财务行为

其他利益相关者是指那些没有在企业中投入生产要素，但是又能够影响企业运营和目标实现的相关主体，如公共关系、外部环境、媒体、经济体制等。其中最具有影响力的应该是政府行为。企业与政府之间最典型的非合作博弈的财务行为就是关于政府是否支持企业发展这个问题。企业具有逐利的特点，作为各种不同性质资本的集合同样也希望企业的剩余收益越高越好；政府利用权力进行寻租行为，如增加各种税费或者强迫企业承担社会责任等都会增加企业的运作成本，而减少剩余收益。无论是股东、管理者、债权人等利益相关者均不希望自己的收益被分割，企业收益越高，各主体的利益需求才越容易达成目标、越安全稳定。此时，各个利益主体便会选择一致的行为来抵抗政府的寻租，最温和的例子就是我们常见的税收筹划，而恶劣的则是逃避社会责任、出具虚假报告等违法行为。假若企业利用各种手段来阻止政府寻租，则政府财政负担加大，不利于整个社会经济整体的向前发展以及老百姓生活水平的提高。

关于其他利益相关者的问题，本书仅在此处进行简单的阐述。根据以上的解释，政府作为企业其他利益相关者最主要的代表，可以支持企业发展也可以不支持企业发展。两者的非合作博弈财务行为的结果可以通过矩阵反映（见表 3 – 1）。

表 3 – 1 企业与政府的收益矩阵

		政府	
		支持	不支持
企业	盈利	6, 1.5	4, 1
	亏损	2, 0.5	0, 0

H_1：①企业处于盈利状态时，产生的经济效益（税前）为 4。

②政府支持企业发展时，企业可以得到额外的收益（税前）2。

③政府主要通过税收或者其他政策获益，T = 25%。

无论企业盈利还是亏损，若能获得政府的支持，企业可以得到很好的发展甚至扭亏为盈。对于政府而言，企业创造收益即可以为政府创造税收，企业纳税的增加是伴随着企业的壮大和发展，即 ｛盈利，支持｝ 是纳什均衡。

四、利益相关者财务行为博弈的影响因素

企业是由股东、债权人、管理者等在一定约束条件下追求个人效用最大化的理性人或利益集团组成的（伍中信、杨碧玲，2003）。在构建机制的过程中不得不优先考虑以上所说的约束条件，从而有效地实现权责利的均衡。各个利益相关者将自己的专有资本投入到企业，如管理者凭借其管理经验和优秀的业务能力、债权人和股东凭借其丰厚的物质资本等，从而成为了缔结企业这个契约的产权主体。各个产权主体作为理性的经济个体，由于受到各自利益倾向的影响，他们的行为和决策也会不同。故在下文中将从产权主体的界定、效用目标函数的选择、财务目标的状态依存三个方面进行论述。

（一）产权主体的界定

随着公司制企业的出现，产权主体多元化成为了一种必然，各个不同产权主体均享有了不同程度的剩余索取权和剩余控制权；这就意味着在同一个组织结构中存在代表不同目标的权利主体，每一种权利若不能在合约范围内行使权利则会损害其他权利。换言之，如果对产权的行使不加以限制，产权主体按其各自目标效用函数进行决策，由此所引发的外部性则无法内部化，产权主体之间的利益冲

突激化后将会加害于自身。而产权的界定就是为了减少直至消除这些利益冲突，企业运营过程中的委托代理等问题常常也被归结于企业产权界定不明确（林毅夫、蔡昉、李周，1997）。

将利益相关者作为企业财务治理的导向首要问题便是明晰产权主体。根据利益相关者的基础理论，关于利益相关者的界定一直非常模糊。若是企业产权主体不明确，则各个利益相关者均可以利用其在企业中的控制权对企业实施管理，他们在经营管理中获得收益，但是在剩余收益的分配中又不断地进行讨价还价（由于效用目标函数不同），从而增加了企业的成本。企业的社会作用在于其对社会所能产生的贡献度：若其创造的边际收益小于边际成本，则是一种纯粹消耗社会资源的行为；只有当边际收益大于边际成本时，企业将利益相关者的利益考虑进行实施治理才是有效率的。企业相关利益主体数量的选择不能过多也不能过少，仅仅考虑某一类利益主体的利益时，其他利益主体的利益将会受到侵害；反之，如果企业大发善心的考虑全体利益相关者的利益要求，企业组织成本的增幅将远远超过收益的增长，社会效益则变成了递减函数，甚至产生负效益。关于企业契约主体的数量选择问题，王国成曾用函数模型做过很好的解释。因此，根据重要性、相关性的原则，本书拟用"股东"、"管理者"、"债权人"作为利益相关者主体，毕竟这三者在企业的财务治理中有绝对的话语权。

（二）效用目标函数的选择

投资者把权益资本投入企业，是为了实现资本的保值、增值和获得相应的利润分红，甚至可以说将追求货币收益作为唯一目标（杜兴强，2002）。因此，投资者会关心企业的财务状况、经营状况和现金流量等情况，以实现自己的效用目标函数。

债权人凭借债权的投入成为了企业的利益相关主体，其最根本的目的在于收回本金，赚取利息。如此，债权人也十分注重企业的财务状况、经营状况和现金流量以及资信能力等相关信息，以便帮助其做出正确的判断。

由于股权的高度分散，管理者利用其丰厚的管理经验扮演着受托者角色，成功地成为了企业另一大重要的利益相关者，其效用函数非常的复杂。企业管理者看重货币收益，同样也喜欢追求在职消费、空余闲暇、个人荣誉等效用目标函数。

（三）财务目标的状态依存

利益相关者财务目标是其效用目标函数的延伸，是利益相关者效用目标的最优解。

由于企业相关利益者的行为是相互影响的，这种局面正好是一种博弈（伍中信、杨碧玲，2002）。信息不对称、委托代理问题以及契约的不完备性，利益相关者财务目标的选择权利受制于各个不同产权主体的谈判力量以及约束机制。无论如何，这一切博弈的均衡点均是产权主体自身收益的最大化。当管理者成为企业所有者时，财务目标以管理者收益最大化为主导；当债权人成为企业所有者时，财务目标以债权人收益最大化为主导；当股东成为企业所有者时，财务目标以股东财富最大化为主导。

界定企业财务目标不能仅考虑出资人的追求，多元化的产权关系确定了企业财务目标的多重性。当管理者主导企业时，倾向于选择"利润最大化"作为财务目标；当债权人主导企业时，倾向于选择"企业资产变现最大化"作为财务目标（徐新华、黄小勇，2006）。假设企业的总收入为 x，股东的最低投资回报为 y，工人的合同工资为 w，债权人本金及利息收入为 r，则一般情况下，企业处于 $w + r < \theta < w + r + y$ 状态的概率最大，达到 90% 时，通常大部分企业无论是显性还是隐性的主导性财务目标为"股东财富最大化"（Aghion & Bolton，1992）。若将企业此时的财务状态看成是一个正态分布，其分布的密度函数为 $f(\theta)$，财务目标的选择符合原则为 $\max\left[\int_0^X f(\theta)d\theta, \int_X^Y f(\theta)d\theta, \int_Y^\theta f(\theta)d\theta\right]$，其中 $X = w + r$，$Y = w + r + y$。在某种特定状态下 $w + r < \theta < w + r + y$ 的一段时期内，企业的财务目标——股东财富最大化也应该处于不断的修正过程，从而实现以"某个缔约主体利益为主导，兼顾其他缔约主体利益"的均衡安排（雷新途、李世辉，2008）。

关于财务目标状态的依存性还可以这样解释：当企业处于 $w + r < \theta < w + r + y$ 时（股东占有企业的所有权），存在一个最优的财务目标结构（ω_S^*，ω_M^*，ω_L^*），三个变量分别代表其在财务目标不同的缔约主体中所占的比例。初始阶段 t_0，股东利益处于绝对主导地位 $\omega_{S0} > \omega_S^*$，$\omega_{M0} < \omega_M^*$，$\omega_{L0} < \omega_L^*$；随着各企业对于专用性资源依赖也逐步增强，股东开始过渡其剩余的收益，当债权人、管理者的专用资产累积到 t_n 时（此时均衡），$\omega_{Sn} = \omega_S^*$，$\omega_{Mn} = \omega_M^*$，$\omega_{Ln} = \omega_L^*$；从这个角度而言，在多元产权主体的关系下，股东作为企业的所有者选择以"股东财富最大化"作为企业财务目标时也不能是一成不变的，必须是动态的目标选择过程。

综上所述，企业财务目标是随着所有权与控制权状态的改变而不断地发生更替变化。

五、利益相关者财务行为博弈分析

（一）利益相关者的收益分配机理

在企业成立之初，股东投入了股权资本、债权人投入了债权资本、管理者投入了人力资本（能力资本）等，而他们的投入又受制于将来其在企业的经营过程中所享有的收益。企业的剩余收益可以看成是利益主体们合作的结果，也可以看成是利益主体们发生冲突和争抢的对象。利益相关者均衡管理的根本在于协调各个产权主体间的利益分配。良好的收益分配机制不仅能促使企业各个利益相关者进行合作避免冲突，同时也是诱发不同性质的资本所有者投入资本的动因。在经济生活中，各个经济人的行为都可以看成是一个关于"投入—产出"的函数。

H_2：①博弈的参与人股东、债权人、管理者是理性经济人。

②每个参与人都只有两种行动可供选择，即 $A_i = \{投入、不投入\}$，$i =$ 股东，债权人，管理者。

③股东选择投入的概率 a，债权人选择投入的概率 b，管理者选择投入的概率 c。

根据上述的假设，存在着股东—管理者、股东—债权人、管理者—债权人三种博弈模型；其中，在不同博弈之间，股东的收益为 S_i，债权人的收益为 L_i，管理者的收益为 M_i（i 视情况不同，取值不同）。

1. 股东—管理者的非合作博弈效用函数

表 3-2 表示股东与管理者选择不同行为时，其不同战略组合下的收益情况。

表 3-2　股东与管理者的收益分布

		管理者	
		投入 c	不投入 1-c
股东	投入 a	S_1，M_1	S_3，M_3
	不投入 1-a	S_2，M_2	S_4，M_4

由此，股东选择投入的期望收益 $E(S_1) = cS_1 + (1-c)S_3$

股东选择不投入的期望收益 $E(S_1') = cS_2 + (1-c)S_4$

股东的效用函数 $U_{S_1} = aE(S_1) + (1-a)E(S_1')$

管理者选择投入的期望收益 $E(M_1) = aM_1 + (1-a)M_2$

管理者选择不投入的期望收益 $E(M_1') = aM_3 + (1-a)M_4$

管理者的效用函数 $U_{M_1} = cE(M_1) + (1-c)E(M_1')$

2. 股东—债权人的非合作博弈效用函数

表 3 - 3 表示股东与债权人选择不同行为时，其不同战略组合下的收益情况。

表 3 - 3　股东与债权人的收益分布

		债权人	
		投入 b	不投入 1 - b
股东	投入 a	S_5，L_1	S_7，L_3
	不投入 1 - a	S_6，L_2	S_8，L_4

由此，股东选择投入的期望收益 $E(S_2) = bS_5 + (1-b)S_7$

股东选择不投入的期望收益 $E(S_2') = bS_6 + (1-b)S_8$

股东的效用函数 $U_{S_2} = aE(S_2) + (1-a)E(S_2')$

债权人选择投入的期望收益 $E(L_1) = aL_1 + (1-a)L_2$

债权人选择不投入的期望收益 $E(L_1') = aL_3 + (1-a)L_4$

债权人的效用函数 $U_{L_1} = bE(L_1') + (1-b)E(L_1')$

3. 管理者—债权人的非合作博弈效用函数

表 3 - 4 表示管理者与债权人选择不同行为时，其不同战略组合下的收益情况。

表 3 - 4　管理者与债权人的收益分布

		债权人	
		投入 b	不投入 1 - b
管理者	投入 c	M_5，L_5	M_7，L_7
	不投入 1 - c	M_6，L_6	M_8，L_8

由此，管理者选择投入的期望收益 $E(M_2) = bM_5 + (1-b)M_7$

管理者选择不投入的期望收益 $E(M_2') = bM_6 + (1-b)M_8$

管理者的效用函数 $U_{M_2} = cE(M_2) + (1-c)E(M_2')$

债权人选择投入的期望收益 $E(L_2) = cL_5 + (1-c)L_6$

债权人选择不投入的期望收益 $E(L_2') = cL_7 + (1-c)L_8$

债权人的效用函数 $U_{L_2} = bE(L_2) + (1-b)E(L_2')$

4. 博弈结果与启示

通过对股东—管理者、股东—债权人、管理者—债权人博弈的构建分析，在完全信息动态博弈下，只有当行为人选择投入的期望收益等于选择不投入的期望收益时，行为人才会采取投入的策略。即

股东投入的效用函数 $= E(S_1) + E(S_2)$，

股东不投入的效用函数 $= E(S_1') + E(S_2')$；

债权人投入的效用函数 $= E(L_1) + E(L_2)$，

股东不投入的效用函数 $= E(L_1') + E(L_2')$；

管理者投入的效用函数 $= E(M_1) + E(M_2)$，

股东不投入的效用函数 $= E(M_1') + E(M_2')$。

令行为人投入的效用函数 = 不投入的效用函数，不难计算出，在混合博弈中存在一个纳什均衡解（a^*, b^*, c^*）。关于最大解的问题，只要构建拉格朗日函数便可以求出。根据求解的结果，可以得到以下启示：

（1）a、b、c 的大小取决于股东、债权人、管理者的收益情况。也就是说，企业收益的分配机制将决定不同性质的资本所有者决定投入资本概率的大小。

（2）股东、债权人、管理者是否选择投入资本，主要受制于企业是否能够满足其预期的目标效用函数。企业是一个长期经营的过程，一次性的资本投入并不能满足其未来经营发展的需要，保证企业资金链的完整和稳定，实现规模经济，企业在此过程中需要不断地吸收新的资本，以求得更大地发展。

（3）企业剩余收益的分配机制应该能够积极地引导利益相关者对企业进行投入；调节利益相关者的利益分配，避免发生利益冲突，实现利益相关者利益最大化；协调利益相关者的财务行为，将彼此之间的不合作博弈顺利过渡为合作博弈。

（4）企业的财务治理在于对利益相关者权、责、利的合理分配，企业利益相关者的均衡管理在于权、责、利的统一。企业剩余收益分配虽然是利益相关者考虑最多的问题，但是它并不能真正地对利益相关者实施管理，企业剩余收益的分配机制还需要其他内、外部的协调机制进行辅助，从而实现真正的价值增值。

（二）利益相关者的财务决策机理

由于"债"本身的性质，让债权资本所有者对公司的剩余收益索取权不同于股权资本所有者，其收益是固定的，并且无论企业是以何种组织形式存在着，债权的这种特性从未发生改变。无论经历怎样的变化，股东偏好风险不会改变，债权人规避风险也不会改变。股东试图利用"财务杠杆"将债权人的资本发挥出最大的效用，而债权人则更愿意关心企业的财务资本是否安全，这种安全能否

诱使其投入债权。

就公司治理的本质而言，治理的目的在于化解冲突，实现各方权、责、利的统一。各个产权主体既然已经被纳入企业财务治理的范畴，那么物质资本所有者和人力资本所有者均有权参与企业治理。尤其是债权人，他不同于其他权利人，债权人在投入专用性资产时，分担与其他权利人基本上相近的风险，但获得的却只是固定收益，明显在"权、责、利"上是不平衡的。许多学者认为股东在企业管理中承担了最大的风险，其实不然，这种想法仅仅适用于企业正常运营的状态。当企业发生破产危机时、限于财务困境时，债权人便成功地上位成为了企业的所有者，尽管这种成功多少有着凄凉的感觉。此时，股东通过有限责任合法地退出了管理的舞台，管理者也因为仅仅是委托代理的关系渐渐地离开；而债权人却很难全身而退，他只能留下来收拾这个烂摊子。

债权人在企业财务治理中所享有的权利和地位是非常弱势的，而他的强势地位也只在企业破产时昙花一现。设计出保护债权人利益的机制，对于管理和均衡企业利益相关者是非常必要的，而这种保护最好的刚性机制就是让债权人等利益相关者（包括中小股东，因为他们同样是弱势群体）参与公司的决策。不仅如此，若债权人等能参与到企业决策中，还有利于化解债权人与股东、股东与股东之间的非合作博弈的财务行为。

1. 缺乏共同决策机制下，债权人与企业的博弈

一般情况下，企业的经营管理、投资决策主要是由股东和管理者共同决定的，此时可以将股东和管理者看成目标效用函数一致的行为人，代表企业整体（但不一定代表中小股东）进行决策。债权人投入或者不投入资本取决于能否从企业获得满意的回报；同时，传统的债权人保护主要是通过间接的手段进行。在缺乏共同决策机制下，债权人与企业将展开以下的博弈。

H_3：①博弈参与人企业和债权人均是理性经济人。

②每个参与人都只有两种行动可供选择，即 $A_{i1} = \{$接受贷款，拒绝贷款$\}$，$i_1 = $债权人，$A_{i2} = \{$守信，违约$\}$，$i_2 = $企业。

③企业的收益 $f(E)$，是关于 E（资本）的单调增函数。

④债权人若投入资金 I，企业可以是筹集的资金获利 k，资金成本为 r。

⑤市场利率为 r_M，$r > r_M$。

⑥企业违约实施的项目可能获得额外的收益 π。

如图 3-1 所示，企业违约情况下：企业得益 $= f(E) + k + \pi - Ir$，债权人得益 $= Ir$；企业守信情况下：企业得益 $= f(E) + k - Ir$，债权人得益 $= Ir$。若是企业违反贷款约定（如投资高风险项目、发放超出约定的现金股利、举借新债等，股东均是以牺牲债权人的利益作为前提）可以获得额外的收益，则（接受，违约）

是双方的纳什均衡。但是企业违反约定而决策的结果成功和失败是随机分布的。假设企业实施的项目符合风险中性的原则，即成功的概率为 50%，失败的概率为 50%（失败意味着企业破产，股东收益为零），则此时，企业期望得益 = 0.5 $[f(E) + k + \pi - Ir]$，债权人期望得益 = 0.5 $(Ir + m)$（m 是企业破产后债权人能收回的本利和）。这也就意味着，双方的均衡解又回归到了（接受，守信）。这种不稳定的均衡主要取决于股东和管理者对风险的偏好以及违约实施的项目所能创造的利益，而这种不稳定不利于资金的安全管理，对债权人而言，需要承担更大的风险来应对这种波动。

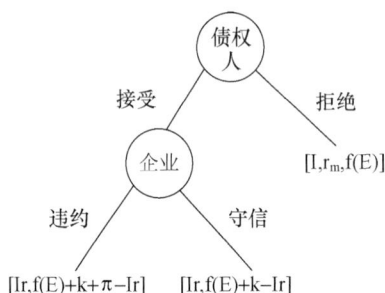

图 3 - 1　缺乏共同决策机制下，债权人与企业的博弈

2. 共同决策机制下，债权人与企业的博弈

债权人参与到企业财务治理中，意味着企业的决策行为所带来的风险进行了一定的控制，有利于债权人自身利益的保护，而且这种保护也是通过深思熟虑的。在共同决策下，债权人与企业衍生了新的子博弈。沿用 H_3 中的①～⑥，增加下列假设条件：

H_4：①债权人有两种行动可供选择，即 A_{i1} = {通过，不通过}，i_1 = 债权人。

②企业实施违约项目，债权人需要额外风险补偿，利息率为 d。

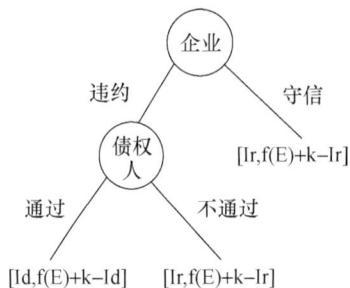

图 3 - 2　共同决策机制下，债权人与企业的博弈

故，参与条件：$d > r > r_M$，$\pi > Id$。也即共同决策机制下，只有当债权人的风险补偿率（企业实施不守信行为时所约定的利率）能高于初始约定补偿时，债权人才有参与的动力；而企业也只有在违约项目的额外收益能够补偿债权人的要求时才会进行。这种互通有无的决策机制使得两者在实施行为时变得更加谨慎，单纯地只考虑自身的利益变得不再可能。

3. 博弈结果与启示

通过以上分析，可以得出以下结果与启示：

（1）共同决策机制的实施受到了债权人额外风险补偿率和项目收益的约束；但即使不能实施共同决策，企业选择守信，债权人放贷未尝不是一个好的选择，只是未实现产权主体的利益最大化。

（2）共同决策机制不应仅仅考虑债权人，如中小股东等处于弱势地位的利益相关者均可以涵盖进入共同决策的机制中。共同决策机制一方面保护了利益相关者的利益；另一方面也约束了各个主体的行为，起到监管的作用，从而实现利益相关者价值最大化。

（3）与其引入破产机制（一直被认为是最有力的债权人保护机制）等抗争机制，共同决策机制更倾向于利益相关者之间协商一致和互动，而这种积极的参与机制有助于实现社会整体效益的提高，也对企业社会责任的承担提出了更高的要求。

（三）利益相关者的财务监督机理

随着企业组织形式的多元化和快速变迁，企业实际所有者的依存性也在不断地发生变化。在这种环境下，物质资本所有者（股东和债权人）逐渐远离了企业的日常经营管理、投资决策、财务分析，这些职能被逐步交付到了具有人力资本的管理者手中。由于各个利益主体均是理性经济人，均是在"自利行为"的指导下发生经济行为；加之，物质资本所有者和管理者之间由于目标函数不同以及信息不对称等原因，使其两者之间发生了委托代理关系。物质资本所有者将追求最大化的收益放在第一位，同样管理者也希冀其所获得的收益最大化，由此必须承认物质资本所有者和管理者在"利益"上存在对立性。

在物质资本所有者与管理者的静态博弈中，物质资本所有者可以采取委托或不委托的方式对企业进行管理；管理者在接受委托的情况下，也可以选择追求"共同利益"或者"个人利益"的管理方式。

H_5：①博弈参与人物质资本所有者和管理者均是理性经济人。

②每个参与人都只有两种行动可供选择，即 A_{i1} = ｛委托，不委托｝，i_1 = 股东，债权人，A_{i2} = ｛共同利益，个人利益｝，i_2 = 管理者。

③物质资本所有者货币收益最大化 V（管理者选择追求"共同利益"为目标）。

④管理者的收益 ω（V），是关于 V 的严格增函数（物质资本所有者支付给管理者的报酬）。

⑤代理成本 C_a（代理成本即管理者追求"个人利益"管理模式下物质资本所有者所丧失的收益；作为管理者而言是一种收益）。

⑥管理者追求"个人利益"最大化管理模式下，股东的收益为 R；其中，R < V。

⑦物质资本所有者不委托管理者时其收益为 I。

表 3-5　物质资本所有者与管理者静态博弈的收益分布

		管理者	
		共同利益	个人利益
股东	委托	V - ω（V），ω（V）	R - ω（V），ω（V）+ C_a
	不委托	I，0	I，0

根据表 3-5 中所示的收益分布：若 I > V - ω（V）时，即物质资本所有者管理公司所获得的收益高于职业经理人（管理者）获得的收益，但是在该博弈矩阵下（双划线法），根本不存在纯策略纳什均衡；若 I < V - ω（V）时，该博弈矩阵下存在唯一解，即"物质资本所有者选择委托，管理者选择追求共同利益"。上述选择对于物质资本所有者而言是最优解，但对于管理者而言，由于管理者可以追求高于 ω（V）的额外收益 C_a；作为理性经济人和自利行为人，管理者很可能在选择行为时追求个人利益。虽然在 I < V - ω（V）时，物质资本所有者与管理者的博弈存在纳什均衡，但是此时均衡并不稳定，即物质资本所有者在追求自身收益时还需要对管理者进行有效地监管和约束。

1. 监管机制下，物质资本所有者与管理者的一次性博弈

在现行的机制下，物质资本所有者和管理者之间不存在稳定的纳什均衡，物质资本所有者和管理者的博弈结果仅仅是短暂的动态均衡，也非帕累托最优的结果。因此，试图根据实际情况设计出有效的机制来实现物质资本所有者和管理者的自我约束可以达到"双赢"的结果。从上述的博弈结果可以得出，在现行机制中纳入"监管机制"，实施共同治理是十分必要的；而监管机制到底受到了何种因素的制约也成为了机制设计中面临的一个重大问题。其实，在现实的企业管理中，绝大部分企业采用聘请职业经理人对企业进行管理，一是由于职业经理人有丰富的经验和必备的业务素质；二是多数物质资本所有者缺乏管理经验和足够的时间。不仅如此，管理者选择追求"共同利益"或者是追求"个人利益"都是有概率的事件，物质资本所有者是否对管理者进行了有效的监督也是有概率事件。这就意味着股东和管理者选择何种策略是随机事件，而随机事件的概率分布就存在一个较为稳定的纳什均衡。沿用 H_5 中的①～⑦，增加下列假设条件：

H_6：①股东选择委托，管理者对企业实施管理。

②管理者选择"个人利益"的概率为 P_1，选择"共同利益"的概率为 $1 - P_1$。

③股东对管理者实施"监督"的概率为 P_2，实施"不监督"的概率为 $1 - P_2$。

④股东的监督成本为 C_s。

⑤股东监督管理者时发现管理者追求"个人利益"时取得的罚没收入 F。

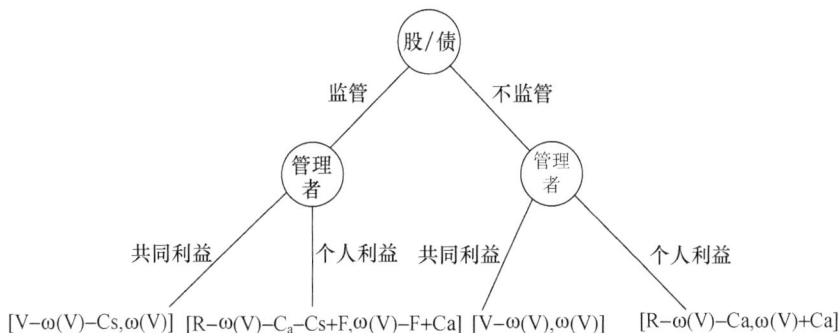

图 3 - 3　监管机制下管理者和物质资本所有者博弈的收益分布

从图 3 - 3 中不难看出，该博弈的纳什均衡解必须满足：管理者选择追求"共同利益"的概率必须使得股东选择"监督"和"不监督"的效用相等；而股东实施监督的概率必须使得管理者追求"共同利益"和追求"个人利益"的效用是一致的。因此：

$$P_1[V - \omega(V) - C_s] + (1 - P_1)[V - \omega(V) - C_s + F - C_a] = P_1[V - \omega(V)] + (1 - P_1)[V - \omega(V) - F] \tag{3-1}$$

$$P_2\omega(V) + (1 - P_2)\omega(V) = P_2[\omega(V) + C_a - F] + (1 - P_2)[\omega(V) + C_a] \tag{3-2}$$

故，根据模型（3 - 1）和模型（3 - 2）可得：

$$P_1^* = (F - C_s)/F \qquad P_2^* = C_a/F$$

从上述结果可得出以下结论：①管理者选择以"共同利益"为目标受到 F、

C_s 影响，监督成本越高、处罚收入越低，管理者倾向于选择追求个人利益；监督成本越低、处罚收入越少，管理者更愿意选择追求共同利益。②物质资本所有者对管理者实施"监督"的概率取决于 C_a、F，代理成本越高，处罚收入越少（由于处罚收入少，管理者更愿意追求个人利益最大化，而侵占物质资本所有者的利益，从而迫使物质资本所有者不得不采取监督），物质资本所有者选择监督的概率更大，反之亦然。由此，管理者的监督机制主要是受代理成本、监督成本以及处罚收入的影响。

2. 监管机制下，物质资本所有者与管理者的无限次重复博弈

假若博弈不止于一次，而是重复无限次，则物质资本所有者选择监督依赖于物质资本所有者的收益。令 η 为贴现因子（假定两者的贴现因子相同），则有以下情况：

如果物质资本所有者选择"不监督"，每一次的物质资本所有者的得益 = $R - \omega(V) - C_a$，无限次重复博弈的结果 = $[R - \omega(V) - C_a] + \eta[R - \omega(V) - C_a] + \eta^2[R - \omega(V) - C_a] + \cdots + \eta^n[R - \omega(V) - C_a] = [R - \omega(V) - C_a]/(1 - \eta)$。

如果物质资本所有者选择监督，则博弈的结果有两种：

（1）管理者追求个人利益，管理者的得益 = $\omega(V) + C_a - F$，物质资本所有者的得益 = $R - \omega(V) - C_s + F - C_a$。

（2）管理者追求共同利益，管理者的得益 = $\omega(V)$，物质资本所有者的得益 = $V - \omega(V) - C_s$。

其无限次重复博弈的结果 = $[R - \omega(V) - C_s + F - C_a] + \eta[V - \omega(V) - C_s] + \eta^2[V - \omega(V) - C_s] + \cdots + \eta^n[V - \omega(V) - C_s] = (R + F - C_a - V) + [V - \omega(V) - C_s]/(1 - \eta)$。

若 $\eta \geq [(V - R) - (F - C_s)]/[(V - R) - (F - C_a)]$ 时，物质资本所有者将会选择监督。

3. 博弈结果与启示

通过以上博弈分析，可以得出以下结果与启示：

（1）企业的内部监管机制必须受到企业的收益情况、监督成本、代理成分、罚没收入等因素的制约，有效的监督机制必须能够满足"边际收益 > 边际成本"这个要求。

（2）如果将物质资本所有者与管理者之间的一次博弈看成是一种短期行为，则无限次的博弈可以看成是两者的一种长期关系。根据会计的基本假设条件——持续经营，物质资本所有者与管理者的委托代理关系不可能仅仅是一两天而已，更多的是一种长期合作、共同受益的局面。当博弈只进行有限次时，博弈双方只会关心当期的收益和付出；但经历了无限次的博弈后，管理者是否将"利润最大化"作为企业的财务目标，是否会牺牲长期利益而满足暂时的收益便成为其深思熟虑的问题，双方均会在"长期收益"和"短期收益"中做出权衡。

（3）博弈方很想或者声称要采取特定的行动以影响和制约对方的行为，但如果这些行动缺乏以经济利益为基础的可信性，那么这些想法和声明最终就不会发生真正的效力。正因为博弈中还存在"不可信"的因素，物质资本所有者和管理者通过自己的行动来争取对方的信任，让实施监督、追求共同利益成为了双方长期选择的结果，从而实现利益的均衡。

（4）股东作为最大的资本投入者之一，出于对确保投资回报和规避风险的因素，股东最有动力和能力参与到公司治理当中去，对公司资产的利用情况进行监控，从而实现对管理者或者"内部控制人"进行有效地约束。股东如果是"天然"的监管者，那么作为其他利益主体也应该参与到监管体制中来，以便更好地维护自身利益。

六、非合作博弈下利益相关者均衡财务治理机制

（一）建立利益引导机制

在企业运营中，不同的利益主体有着各不相同的利益需求，利益观念也有所偏差。在参与企业的经济生活中便会出现诸多不和谐的因素，产生不正确的观念。一部分利益主体将自身的利益凌驾于他人之上，一部分利益主体试图不作为而通过"搭便车"等方式获利，等等。要避免和消除这种行为，首先要从观念入手，要明确企业是大家的，是全体利益主体共同呵护的对象，要从思想上大力宣传由于不合作的财务行为将导致的种种不良后果，让每一个主体都能够清醒地判断自己不同的财务行为会如何影响企业，最终又将如何影响自身。引导各个主体正确的处理长期和短期、局部和整体、个人和集体利益，将帮助其树立合法、合理、公平、公正的利益观。不仅如此，保持畅通的信息沟通渠道还将有利于管理利益主体的利益诉求，从而减少冲突，缓解不合作的关系。总之，良好的利益引导机制将为企业提供正确的利益相关者价值观。

（二）实施共同决策机制

财务决策是实现企业目标的前提，也是企业财务治理的核心。一个科学的决

策不仅要求企业的决策程序是科学的，更重要的是进行决策的主体必须是合理的。企业作为利益相关者的缔结体，其决策不应该只是少数主体的意愿表达，更应该是众多利益主体的一致意见，是集体智慧的结晶。企业的剩余收益就是利益相关者的利益集合，若不能赋予利益相关者各自应有的权力，并让其参与到企业治理中，这本身就是不公平的；同时，也增加了处于强势地位的利益相关者（控股股东、管理者等）侵害弱势地位利益相关者（债权人、中小股东等）利益的风险。因此，实施共同决策机制有利于企业的有效运行。20 世纪 90 年代以来，我国已越来越重视弱势地位利益相关者利益的保护，并予以了法律的支持，如《公司法》中关于"累积投票制"、"独立董事制度"便是向中小股东利益的倾斜，"法人资格否定制"以及《破产法》相关规定的完善等也是对债权人利益的保护。与此同时，企业在治理中应完善企业的共同决策机制，建立如"债权人委员会"之类的常设机构，在保护其他利益相关者利益的同时，进行科学的决策，实现"权"和"利"的对等。

（三）改进收益分享机制

在多元利益主体相互制衡的治理结构中，建立人力资本与物质资本共同参与企业收益分享的激励机制是非常重要的。目前，在大多数中小型国有企业中，激励缺失的现象十分严重，而激励机制的缺失使企业员工不愿意投入人力资本，致使工作效率低、企业效益低的现象。企业好比是一台生产机器，若无人进行操控和管理，那么它也不过是一堆废铁，故人力资本是企业实现目标最为关键的因素之一。近年来，如股权激励等长效激励的方式已被引入到了许多股份公司和国有企业改制中，但是在实施中还存在着一些问题，最主要表现在激励效用不明显上。因此，完善和推进利益分享机制是当前迫切的任务，拓宽企业激励的范围，从管理层扩大到普通职员，将资本、技术、管理等众多生产要素纳入到企业的收益分享范畴，实施多元化的激励机制是保证不同利益主体在"利"上协调的根本。

（四）完善监管机制

利益相关者价值最大化的实现过程是需要各个利益相关者长期合作，并达成"共赢"的局面。仅仅赋予利益相关者"权"和"利"是不够的，有效的约束和监管机制，是企业利益相关者实施合作财务行为的保证。缺乏监管机制，让企业长治却难以久安。因此，在企业的财务治理中，履"责"到位是一个重要的环节，为最终结果的实现提供了有力的保证。故企业扩大职代会的职能范畴，规范监事会的责任，改善独立董事意见的传达机制、加强企业的内部控制等都是对监管机制的完善。

第四章　产权主体与财务目标选择：
基于格林柯尔系的案例研究

本章①通过对财务目标相关文献的回顾，结合企业契约理论，形成了基于产权主体效用目标函数的财务目标选择理论框架，再通过对格林柯尔企业案例进行整理和分析，以印证这一理论框架，同时得到相应的研究结论：存在理想的财务目标——企业价值最大化，但由于企业产权主体的信息不对称情形下的非合作博弈在现实中难以执行，所以只存在于企业极限中；财务目标受制于企业真正的掌控者的效用目标函数，这是客观事实；在承认这一事实时，企业对此并不是无所作为，可以通过加强公司治理结构，完善现代企业制度来约束和激励企业真正的控制者，使之财务目标尽可能地接近最优化的管理目标。

一、引　言

如果说《大败局》论述的是中国改革开放伊始那个激情年代草创企业家的悲情故事，那格林柯尔系神话破灭可以算是"转型中国"企业经营失败的典型事例。它是"大败局"的继续，还是"新败局"的开始，本章将从财务目标角度来加以分析。自人力资本概念的提出开始，物质资本所有者就注定了自身的博弈对手。随着人力资本所有者共同知识的增加，即如果人们能够充分交流，而且都是理性的，那么人们之间不可能对给定事件的判断存在不一致，在公司治理结构中表现为人力资本所有者最终与物质资本所有者具有同等的权益，共同分享企业的剩余控制权和剩余索取权。因此可以说，将股东视为所有者是一个错误，人力资本所有者应成为企业所有者。企业利益主体的多元化趋势并没有结束，企业

---

① 本章核心内容形成论文《产权主体与财务目标选择：基于格林柯尔系的案例研究》发表于《江西社会科学》2007 年第 6 期。

契约性质的提出就是最好的证明。更特别的是，企业体现为一个人力资本和非人力资本的特别契约。随着企业产权结构的变化和利益主体多元化，财务目标理论也经历了一个极具争议的变迁过程，并产生了诸多的财务目标理论，在这些理论中颇具代表性的是利润最大化、股东财富最大化和企业价值最大化。利润目标的内在矛盾推动了利润最大化向股东财富最大化的演变，而产权主体的利益要求得到平等保护又是企业价值最大化对股东财富最大化提出的最大挑战。公司价值就是强调利益相关者利益最大化，然而财务管理实践并未选择最优的财务目标——企业价值最大化，或者只是一种广告宣传而已。而且不同的企业还是选择各自的财务目标，与财务目标优化理论背道而驰，潜在最优的财务目标（应该达到）与现实财务目标（实际达到）的矛盾是本书要研究的观点和解决的问题。本书的研究思路是运用描述性案例研究方法，即在研究前就形成和明确一个理论导向，以此作为案例分析的理论框架，设定产权主体与财务目标选择的理论分析逻辑，用格林柯尔案例加以分析，并得出相应的研究结论。其结论主要体现在：企业财务目标受制于企业某个相关利益主体的效用目标；承认基于产权主体效用目标的财务目标比实行理想化目标（企业价值最大化）更有意义；追求理想的财务目标是企业求"极限"的过程，即"虽不能至，心向往之"；承认最优的财务目标不能实现，并不等于企业无能为力，可以通过建立有效的机制或体制对企业真正的所有者或控制者进行激励与约束，以优化企业的财务目标。

二、产权主体与财务目标影响关系

　　企业是由股东、债权人、管理者、雇员等在一定约束条件下追求个人效用最大化的理性人或利益集团组成。他们都是企业的产权主体，形成企业的利益相关者集团，共同参与构成公司利益分配制衡的公司治理结构。各产权主体以自己独特的资本投入作为企业的一个利益相关主体，在不同效用函数的支配下承担着企业的义务，同时在一定程度上享有企业的剩余控制权和剩余索取权。

　　（一）现代企业产权主体

　　财务目标决定于某一利益相关主体的效用函数，而起决定作用的利益相关主体必须是企业真正的控制者。因此，在论述企业财务目标的选择之前，有必要分析企业各主要利益相关主体成为企业控制者的条件和效用函数。现代企业利益相关主体较多，但有一些利益相关主体处于绝对弱势的地位，故可以不予考虑，在此只研究这几个主要的利益相关主体：投资者、债权人和企业管理者。

企业所有权是一种典型的状态依存，传统意义上认为只有股东才是企业的所有者，对企业享有剩余索取权和剩余控制权，但是这一理论在当前高度发达的资本市场上正经历着质疑。当前在企业的股权高度分散情况下，当企业处于正常状态时，管理当局也能够实现股东要求的满意货币收益时，股东并不希冀监督管理当局，也不追求法律意义上的终极索取权，此时，管理当局或严格地说是职业经理人才是企业的真正控制者；当企业经营未能够实现股东满意货币收益时，股东就会不断地干预企业，这时股东就成为企业真正的所有者；当企业资不抵债时，债权人拥有企业的剩余索取权，从而是企业实质上的所有者。

（二）产权主体的效用目标函数

在现代企业制度的要求下，投资者不再直接参与企业的经营，而是利用自己的权益资本入股企业，成为企业的股东，委托管理者来经营企业。由于委托代理行为的产生，投资者角色发生转移，其效用目标函数也就有了特殊的内容。投资者把权益资本投入企业，其基本的目标就是实现资本的保值、增值和获得相应的分红，甚至可以说将追求货币收益作为唯一目标。因此，投资者会不断地通过企业财务信息或其他信息关心企业的财务状况、经营状况和现金流量等情况，以实现自己的效用目标函数。

债权人凭借其债权性质的财务资本投入到企业，成为企业的一个利益相关主体。他的效用目标函数是保证其财务资本的收回，并实现相应的利息收入。如此，债权人也会通过各种途径了解企业的财务状况、经营情况和现金流量等相关信息，以做出相应的决策，实现其利益目标。

管理者以其人力资本的所有者成为企业的一个利益相关主体，扮演着委托代理理论中的受托者角色。企业管理者是以其能力、才华等资本入股企业的，又是企业的直接接触者，因此，其效用函数就显得尤为复杂。企业管理者属于职业经理人阶层，除了有货币收益这一目标函数外，还包括较多的闲暇、舒适的办公环境、追求个人荣誉和个人权力以及希图构建经理帝国等各项效用目标函数。

由于各行为主体的效用目标函数不一致，财务目标模式只能是以真正控制企业的某一利益相关主体的效用目标为基础。

（三）财务目标的选择

由于企业相关利益要求者的行为是相互影响的，这种局面正好是一种博弈。由于各产权主体信息的不完全性和谈判力量的差异，必定会产生占优势地位的产权主体，从而享有制定财务目标的权利。如此，各产权主体对企业财务目标偏好也就有了差异。以下是假设企业只存在管理者、投资者和债权人的情况下，各自对财务目标的偏好分析。

1. 以管理者为主导的财务目标选择

企业管理者成为企业实质上的所有者，企业的各项目标在很大程度上会以管理者的效用函数为基础，其中包括财务目标。在这个时候，财务目标将以管理者为主导，管理者除了考虑整体的财务运作效益外，可能更多的是以自身的效用目标出发选择财务目标。由于管理者的效用目标除了要享有物质方面的剩余索取权外，还对个人声誉以及个人的闲暇比较热衷。如此，他更可能倾向于选择利润最大化为原则的财务目标。企业以利润最大化为财务目标具有许多的缺陷，但对于企业管理者来讲恰恰相反：一方面利润指标比较容易控制，在一定的条件下还可以在相应范围内进行调节；另一方面有利于管理者实施短期行为，以牺牲企业其他利益相关主体的利益换取管理者自身的利益，实现个人效用最大化。

2. 以投资者为主导的财务目标选择

投资者在掌握充分信息的前提下有条件相信企业管理者的经营业绩并不能令其满意，投资者就会在一定程度上不断干涉企业的经营业务，甚至撤换管理者或者用脚投票。这时投资者成为了企业实质上的所有者，财务管理的目标也应以投资者的效用目标为主导。投资者效用函数是希望获得最大的物质回馈，希望投入的资产保值、增值。因此，投资者对财务目标选择将更偏向于股东财富最大化。股东财富最大化反映的财务目标主要偏向于投资者，充分地体现了股东要求获得投资利益最大化的强烈愿望。这也是投资者对财务目标的最优选择，它一方面能保证投资者投入的资产保值、增值，不会因为管理者的不负责任而损害投资者的利益；另一方面，这一目标也使投资者能够获得比较满意的资本利得，并索取相应的报酬。

3. 以债权人为主导的财务目标选择

如果企业经营业绩非常糟糕，到期债务不能偿还，博弈的结果只能是债权人介入企业，成为企业的真正主人。企业的管理权限处在债权人的掌握之中，企业财务管理的目标将以债权人的效用目标为主导。债权人在此时所做的就是如何使自己的损失降到最小，最大限度地收回自己的债权资金。这时债权人控制下的企业财务目标应该是企业资产变现最大化。企业可能会进入破产清算程序，也可能被别的企业收购、兼并，不管以何种形式，债权人都希望把企业卖个好价钱，也就是希望企业的资产能以最大的价值变现，以最大限度地收回资金。

本章正是基于这一理论的逻辑，选定格林柯尔案例加以分析，并从财务目标角度透析顾氏神话的破灭原因。

三、案例介绍①

　　顾雏军于 1990 年带着他的"顾氏循环理论"在英国注册了格林柯尔制冷剂生产公司，随后又在北美和东南亚广设分公司。5 年后，无氟制冷剂的重要生产基地——天津格林柯尔公司成立；事业上一帆风顺的顾雏军在 1998 年成立了北京格林柯尔环保工程有限公司，并于 2000 年进入了资本市场——格林柯尔科技控股有限公司在香港创业板上市，共募集资金 5.4 亿港元。随后的一系列资本运作造就了顾氏神话，也注定了他的灭亡。

（一）顾氏管理层的"资本神话"

　　转型期的中国国退民进，对于中国的民营企业家来讲是一个扩大经营规模的绝好机会，许多民营企业采取了相应的措施，格林柯尔的资本运作神话就是在这样的环境下产生的。1996 年和 1999 年，科龙电器公司先后在香港和深圳成功上市。1999 年格林柯尔击败了通用电气、松下以及惠而浦等公司，成功入主科龙。随后格林柯尔开始了一系列高潮迭起的资本神话。

　　2003 年 5 月，顾雏军拥有全资股份的顺德格林柯尔公司，在合肥和美菱电器公司达成合作协议，以 2.07 亿元的价格收购了美菱电器公司 20.03% 的股份，成为美菱电器公司最大的股东。当年 7 月，格林柯尔旗下的科龙公司与杭州西冷集团签署协议，收购西冷集团 70% 的股权。同时，格林柯尔与南京斯威特集团抢食小天鹅公司，并争购小鸭电器公司。短短两年，一连串资本运作战绩，使顾雏军一跃成为引人瞩目的"资本狂人"。2003 年 12 月，顾雏军以 4.178 亿元，通过扬州格林柯尔公司协议收购了亚星客车公司 11527.3 万股国家股（占总股本的 60.67%），并因此触发要约收购义务。2004 年 4 月，襄阳轴承第一大股东襄轴集团将其持有的 4191 万股国有法人股转让给格林柯尔，转让总价为 1.01 亿元。转让后，格林柯尔持有公司 29.84% 的股权，成为第一大股东。2004 年 8 月，格林柯尔以 1.84 亿元的价格收购商丘冰熊冷藏设备有限公司；11 月，顾雏军通过境外子公司 GRC Capital 全资收购了法国汽车配件生产商汤姆肯斯的子公司盖兹国际在法国莱维斯的汽车管件工厂及英国汽车设计公司 LPD，从而打通了客车从设计到零部件再到整车生产的整个产业链。在一系列收购完成之后，顾雏军的格

---

　　①　http://it.sohu.com/s2005/kelong.shtml.

林柯尔系已悄然成形，产业顶端是格林柯尔制冷剂，作为产业链的上游资源，一条线路是直接向下游两家电器类上市公司出口，另一条线路是向两家汽车及其汽车配套类上市公司产业延伸。通过这一系列的资本运作，格林柯尔也瞬间缔造了总资产过百亿，横跨制冷、家电和汽车等行业的资本"神话"。

（二）中国证监会的深入调查

2004 年 8 月 10 日，郎咸平声讨顾雏军，拉开了"郎顾之争"的帷幕，由此对顾雏军的质疑也达到了高潮。2004 年报披露后，科龙公司便问题频出，陷入了重重危机。2005 年 1 月，香港联交所发布公告，创业板上市委员会公开谴责格林柯尔包括主席顾雏军、首席执行官兼总裁胡晓辉在内的 6 名执行董事，谴责原因是格林柯尔科技控股有限公司与天津格林柯尔工厂在 2001 年的关联交易。由于交易中的有关行为已经超出了联交所授予的在关联交易上的豁免条件，因此违反了创业板上市规则。2 月 24 日，格林柯尔旗下美菱电器公司又公布了整改报告。由于中国证监会安徽监管局在 2004 年 9 月 27～30 日对美菱电器公司进行了巡查，并勒令其进行整改。主要原因：一是资金占用问题；二是 2004 年重大借贷事项未及时披露；三是财务和管理上的问题。2005 年 4 月 27 日，科龙电器公司突然发布预亏公告，公司 2004 年预计将亏损 6000 万元。然而，科龙公司在 2004 年 1～9 月底净利润超过 2 亿元，每股收益也达到 0.2 元。三个多月的时间，科龙公司的业绩就从天堂掉入地狱。祸不单行的是，亚星客车公司 4 月 26 日公布了 2004 年度和 2005 年第一季度亏损报告。自 2005 年 4 月 27 日起，公司股票简称变更为"*ST 亚星"。与此同时，4 月底有消息称，中国证监会分别下派了广东、江苏、湖北、安徽四地的证券监管部门联合对格林柯尔涉嫌违规挪用其控股的上市公司科龙电器公司资金，收购美菱电器、襄阳轴承以及亚星客车三家上市公司的事件展开调查。5 月 10 日，科龙电器公司发布公告称，公司因涉嫌违反证券法规已被中国证监会立案调查。

（三）债权人的资本冻结

继中国证监会一系列措施的实施，格林柯尔的债权人纷纷向法院申请冻结格林柯尔的相关股权或资产。扬州格林柯尔公司所持*ST 亚星的全部股权也被广东省深圳市中级人民法院宣布冻结，申请的是上海浦东发展银行深圳分行，冻结期限自 2005 年 7 月 29 日起至 2006 年 7 月 28 日止。

佛山中级人民法院冻结广东格林柯尔所持美菱电器公司股权，是应交通银行佛山市顺德支行提出的诉前财产保全申请。公告说，因广东格林柯尔、格林柯尔制冷剂（中国）有限公司、顾雏军承兑汇票垫款纠纷，交通银行佛山市顺德支行向佛山中院请求冻结广东格林柯尔、格林柯尔制冷剂（中国）有限公司、顾雏军的银行存款7500万元，或查封（扣押）其相应价值的财产，并由交通银行广州分行提供担保。佛山中院裁定书上称，其已于2005年7月15日依法冻结了广东格林柯尔所持的美菱电器82852683股，冻结期限从2005年7月15日至2006年7月14日。

（四）中小股东及其他相关利益主体的"倒顾运动"

因证监会调查而暴露的科龙危机，使长袖善舞的顾雏军遇到了极大麻烦。同时，中小股东、企业内部的力量和其他社会公众也形成了强大的"倒顾"势力。格林柯尔系的审计事务所德勤会计师事务所也与其提出"分手"。占公司销售收入近100%的空调和冰箱业务部分生产线停产。2005年7月8日，科龙电器公司公告称，公司3位独立董事陈庇昌、李公民、徐小鲁提出辞呈。7月11日，一场公开的"倒顾运动"开始，作为持有100股科龙电器的小股东、知名律师严义明提议召开科龙电器公司临时股东大会，罢免董事长顾雏军。在科龙电器公司3位独立董事提出辞呈之后，多次为上市公司中小股东代理证券民事诉讼案件的上海律师严义明发起了一场"倒董运动"，公开征集小股东的投票权，提议罢免包括董事长顾雏军在内的所有科龙电器公司现任董事会成员。严义明本人也在香港举行了记者招待会，和当地的投资人做了进一步的深层次沟通。按照科龙电器公司章程，持有公司发行在外的有表决权的股份10%或以上的股东以书面在征集人获得满足《科龙公司章程》规定比例的科龙电器股东委托后，征集人将规定格式的书面提议提交给科龙电器公司董事会，提请科龙电器公司董事会召集2005年度临时股东大会。

与此同时，格林柯尔内部倒顾势力也逐渐形成。虽然顾雏军对科龙公司拥有绝对控制权，但是科龙公司内部并非铁板一块，在经销商问题、康拜恩品牌等问题上，顾雏军同其他相关人员产生了很深的矛盾。因为顾雏军的绝对权威地位，多数持反对意见的人员出走，一些利益受损的经销商和其他人员开始联合倒顾。

四、案例分析与启示

根据众多专家学者对财务目标理论的研究，最优的财务目标在理论上来讲应属企业价值最大化，因为它最大限度地考虑了企业集团相关利益者的利益，同时它更符合我国《公司法》和《证券法》以及相关法律对投资者、债权人、企业员工和消费者等利益主体的利益保护规定。但是这一目标在现实中并未得到有效的执行，在格林柯尔系的资本运作过程中只是一个幌子而已。

以顾雏军为首的格林柯尔系管理经营者在把企业做大做强的过程中，伴随着管理者自身的效用目标函数——追求"资本神话"、成为"资本大鳄"。在这样的效用目标的指导下，其管理高层可以说选择了更具操作性的利润最大化财务目标，利用虚增收入、少计费用等多种手段，同时通过一系列的违规操作，挪用科龙公司资金、损害其他产权主体的利益，实现了格林柯尔系的"资本神话"，成就了顾雏军"资本大鳄"的事业辉煌。

但是辉煌并没有成为永恒，昙花终究只是一现。如果说"郎顾之争"是揭开顾氏集团神秘面纱的开始，那中小股东的"倒顾运动"、债权人的资产冻结申请则是无情的打击，而中国证监会的介入就是顾氏集团的终结。由于格林柯尔系的肢体庞大，涉及政府、银行、中小股东和供应商等诸多相关利益者的利益，所以格林柯尔的问题只能由中国证监会负责，通过法律途径和程序来解决。此时的格林柯尔系已经崩溃，企业真正的主体已不复存在，企业财务目标只能是在法律规定的范围内实现资本变现价值最大化，以最大限度地保护相关主体的利益。中小股东的法律诉求和各大银行的资本冻结措施，目的都是为了保证资金能够最大限度地收回。

根据格林柯尔系的神话破灭案例，企业由诸多的产权主体构成，主体之间利益目标是不一致的，在企业实际经营过程中，由于企业实质上的掌控者自身效用目标函数的影响，企业财务目标往往会偏移企业最优的财务目标，最优的财务目标往往得不到真正的执行。顾氏不仅是格林柯尔的大股东，而且又是企业的高层管理者，有理由相信其在企业契约谈判中的优势，并掌控企业一切的管理决策权利，因此，可以通过以损害其他相关利益主体的利益如挪用企业资金、违规操作、提供虚假财务报告等手段来实现自身物质利益和"资本王国"名誉的极大满足。

格林柯尔系也确实有其辉煌的经营历史，但是它的历史却建立在少数几个人的效用目标函数之上，这样很容易违背财务目标的最优原则。财务目标可以具有企业实质掌控者的个人色彩，但是应该维护企业大多数相关利益者的利益。企业是矛盾的统一体，各个利益主体在企业内既相互矛盾，又相互依赖。片面、单独追求单个目标，侧重满足某一主体的要求，而忽视了其他主体的要求时，利益天平就发生倾斜。企业各利益主体所形成的契约就无法维持，矛盾就被激化，进而导致契约的取消和企业解体。企业要生存、发展，必须努力调和各利益主体的矛盾，兼容不同利益主体对企业的利益要求，使多元化的财务管理目标在企业中并存，并在一定的范围内求得平衡。为此，企业可以在承认产权主体效用目标影响财务目标的前提下，形成一套行之有效的机制来激励和约束企业实质上的所有者，使之在自身效用目标函数下充分考虑到其他利益相关主体的利益。

综合以上案例分析，可以得出结论：一是存在理想的财务目标——企业价值最大化，但由于在企业产权主体信息不对称情形下的非合作博弈在现实中难以执行，即在已知社会所有成员的个人偏好次序的情况下，通过一定的程序，把各种各样的个人偏好次序归结为单一的社会偏好次序，这是不可能的；二是财务目标受制于企业真正的掌控者的效用目标函数，这是客观事实；三是在承认这一事实时，企业对此并不是无所作为，即可以通过强化公司治理结构，完善现代企业制度来约束和激励企业真正的控制者，使之财务目标尽可能地接近最优化的管理目标。

第五章　产权主体与国企改制模式：基于江西省萍乡市长途汽车运输总公司改制的案例研究

本章①通过对国有企业改制相关文献的回顾，结合优先股理论，形成了基于不参与累积优先股模式的国有企业改制框架，再通过对江西省萍乡市长途汽车运输总公司改制案例进行整理和分析，以印证这一理论框架，同时得到相应的研究结论：改制的目的是在和谐发展、以人为本的基础上实现企业的可持续发展；改制的均衡点是采取不参与累积优先股模式，实现国有资本的合理定位；政府应该成为改制方式的引导者和推动者、享受优先股股东的监督权或者公司章程约定的权利。

一、引言

中国的国有企业改制经历了一个漫长的过程，在这一过程中出现了两种不同的改制方式：一种是不涉及产权变动的改制方式；另一种是涉及产权变动的改制方式。第一种改制方式包括：放权让利（如利润留成、利改税）、拨改贷、两权分离经营承包责任制（如承包、租赁、委托经营）等；第二种改制方式包括：债转股、主辅分离、引入战略投资者、管理层收购（MBO）、员工持股计划、并购重组、挂牌竞价转让、政策性破产关闭等。这些改制方式的选择可以基于改制目的归纳为效率与公平，也可以基于产权主体归纳为国有与私有，或者基于产权内涵归纳为所有权与经营权等两元素取舍构成的各种异构子集的选择问题。我国国有企业改制过程中，思路很多时候被简单的二元素或有选择（非此即彼式选

---

① 本章核心内容形成论文《国有企业改制的优先股模式：基于江西萍乡汽车运输总公司的案例研究》发表于《财会通讯》（学术版）2009 年第 4 期。

择）禁锢，现在国家提出建立混合所有制企业、主辅分离、国有资本经营预算等是对这种思路的突破。我们的转轨目标需要把国有产权的退出与合理的改制模式结合起来，而不是将这两者相割裂。国有企业改制的最终目的是提高竞争力，但是提高竞争力从整个社会的角度看，要改制是因为它没有竞争力，改制以后这个企业也不一定存在竞争力。① 改制方式的选择由于不同的分析角度会有不同的答案，本章的研究思路是运用描述性案例研究方法，即在研究前就形成和明确一个理论导向，以此作为案例分析的理论框架。然后试着从产权主体和国有资本出发，构建一个"不参与积累优先股"的理论框架，通过对萍乡市长途汽车运输总公司改制案例探析，阐述"不参与累积优先股"在国有中小企业改制中的优势，并以此抛砖引玉，希望能引起对改制方式多样化的思路开启和适用选择的重新思考。

二、产权主体影响下的国企改制
模式选择

解决国有企业改制中的国有资本问题，一定要把企业的可持续发展放在第一位。只有让企业持续的发展，政府才能获得作为出资者的剩余索取；债权人才能获得作为财务资本所有者的利息所得；管理层才能获得作为能力资本的薪酬；员工才能获得作为人力资本的工资报酬。在改制的过程中会涉及诸多的相关利益主体，这些利益主体都站在自己相应的效用目标基础上展开博弈，如果企业要生存并持续发展，各利益主体必然要形成一致妥协，为此寻找一个各方都接受的博弈均衡点就显得尤为重要。

（一）相关利益主体及改制行为倾向

国有企业改制始于20世纪80年代，经历了一个漫长而艰巨的过程。改制范围涉及的相关利益主体广泛，包括企业所在地政府、被改制企业管理层和职工、参与改制的企业、债权人（包括银行和其他企业），甚至包括当地居民。他们在改制过程中作为相关利益主体或多或少对企业改制都起着一定的作用，处理不好可能会影响到改制的进程。虽然也有通过政府强制改制的，但是也可能带来较大的后遗症。处理好改制过程中利益相关主体的关系，首先要了解相关利益主体的

---

① 张维迎，姚泽. 对话中国企业改革实录. 新浪财经，2003 – 12 – 17.

改制行为倾向。

政府是国有企业的出资者，作为国有资本的所有者对企业改制起着关键的作用。当地政府在企业改制过程中也有自己的行为倾向，一是希望企业能够持续发展下去，这样对当地经济发展具有推动作用，同时能够在将来获利，从而增加财政收入；二是不希望外地企业参与企业改制（虽然有时候不得已而为之），因为对外地企业参与改制需要支付太多的现时交易成本和未来交易成本；三是希望国有资本能够有一个合理的退出位置。这三方面的原因促使当地政府更倾向于原有企业管理层对当地企业进行改制，实现国有资本的顺利退出，虽然这里面不排除企业管理层社会资本的存在和寻租的可能。

被改制企业管理层对企业信息非常充分，作为能力资本的所有者对企业改制的作用可以说是举足轻重。被改制企业管理层，伴随企业成长和发展多年，对企业经营运作情况非常了解；从社会资本看，企业管理层在当地形成了相对规模的社会关系网络，与政府、企业员工和当地居民都有一定的关系。所以被改制企业管理层也希望企业能够持续发展下去，其改制行为倾向是通过改制能够在自己的控制之下持续经营，虽然这里不排除管理层的道德风险和逆向选择行为。

企业职工面临角色转换过程中有形和无形的利益损失，甚至要承担下岗待业、失去就业机会和再就业能力的风险，还需要经受劳动价值被一次性否定的心理压力，他们需要企业或政府为其分担角色转换成本（这种成本来自体制转换成本和个人劳动能力重塑成本）、就业风险和心理成本。而一次性的经济补偿，特别是不足值的经济补偿往往不能达到企业职工的期望，改制后企业继续生存和快速发展被证明是较有效的解决途径。

参与改制的企业对被改制企业来讲，可以说是一个信息不充分者，所以必须通过收集一系列有关被改制企业的资料，在经过慎重分析基础上，做出参与企业改制的行为。如此必然发生诸多的交易成本，其改制行为倾向是希望能够成为企业新的主人，以盘活企业存量资产、纳入本企业经营范畴，使企业持续经营下去，当然这里面并不排除通过改制来牟取暴利的行为。

债权人作为财务资本的所有者，可能在被改制企业套牢了大量的资金，因此债权人也成为了被改制企业的直接参与人，债权人的决策对改制的成功与否起着关键的作用。债权人最大的愿望是能够收回贷款，如果可能也希望能有所回报，所以债权人的改制行为倾向也希望企业能够持续经营下去，不管企业新的主人是谁。

（二）国有企业改制的均衡点

对相关利益主体改制行为的研究，可以发现相关利益主体有一个共同的目标——让能够持续的企业继续发展下去。在这一点共识基础上各利益主体对国有企业改制展开了博弈，博弈的焦点集中在国有资本退到什么位置、职工如何安置、债务如何处理以及谁将成为企业真正的控制者等几个问题上。要处理好这些焦点问题，改制就要寻找到一个均衡点。在这一点上，国有资本有一个合适的位置、职工能够得到妥善安置、债权人能够看到债务收回的希望和企业有一个善于经营的管理团队。要实现这些目标，如果用原来的改制方式肯定是难以实现的，在此笔者提出了不参与累积优先股的改制方式。

在优先股的种类中有不参与优先股和累积优先股，不参与优先股是指优先股股东按固定股息取得剩余以后，不能像普通股股东一样参与企业剩余利润的分配；累积优先股是指公司当年的盈余达不到优先股应分的股利时，其不足部分在其后年度分配盈余时给予补足的股份。不参与累积优先股是把不参与优先股与累积优先股组合在一起，作为国有资本的退出形式。对有发展潜力的国有企业进行改制，就可以把国有资本设立成不参与累积优先股。再利用吸收式兼并的方式，即一个优势企业通过吸收劣势国有企业的不参与积累优先股，这样，劣势企业的法人地位就取消了，优势企业资本构成多元化，达到了兼并目的，并在兼并中得到了公司改制。国有资本在改制以后转化成优先股，优先股只有有限的公司管理权力，即企业研究与优先股有关的问题时具有表决权，这显然有利于政企分开；同时这个优先股还是不参与累积优先股，国有资本只获得固定的股利，不参与剩余利润的分配，同时在企业困难时期还可以累积到以后年度发放，这样有利于减轻改制后企业的负担、增强企业发展后劲。国有企业通过这样改制，符合当地政府对国企改制的倾向行为，企业得以持续发展；也符合企业职工的改制倾向，能够得到合理的安置；对债权人来说也是一条好的出路，债务在未来有收回的可能性；对参与改制企业来说，也是一件双赢的事情，既盘活了企业存量资产、又减轻了企业未来持续发展的负担。

不参与累积优先股对国有资本的处理模式可以说符合了相关利益主体的改制倾向，可以认为它是国有企业改制的一个均衡点。

（三）不参与累积优先股的优点

在更发达的经济体中，优先股已失去了在新项目融资中的重要意义，如加拿大、美国、德国，但在新兴的国家和地区，情况不尽相同，韩国、中国台湾等地相当一部分新融资是通过发行优先股的方式，而新西兰（某种意义上也可认为是新兴国家）却只有一个公司发行优先股，这是由追求价值最大化的企业和回报最大化的投资者作为经济人的合理行为使然。我国目前各公司发行的都是不可赎回的、记名的、有面值的普通股票，只有少量公司过去按当时的规定发行过优先股票。我国新《公司法》第132条规定，"国务院可以对公司发行本法规定以外的其他种类的股份，另行作出规定"，这为优先股的发行留有余地。在我国资本市场引入优先股是否是我国作为新兴国家合理的选择，这不是本书的探讨课题，但优先股是我国国有股减持的一种新思路。将国有股转为优先股，可以解决企业产权虚置的问题，为构建有效的法人治理结构奠定基础，国家可以获得稳定的收益，解决了经营者选拔的有效性问题，有利于国有资产的保值增值，有利于二级市场的平稳运行，有利于保护公司原流通股东的利益。

不参与累积优先股继承了优先股的上述功能，同时还具有其自身的特殊作用，这方面很少学者涉及。不参与累积优先股为国有企业改制平滑过渡提供了一定的支持。因为不参与，企业可以留存更多的发展资金或支付改制成本；因为累积，企业改制初期不会因无法支付股息而破产清算（不同于无法偿还到期债务）。不参与累积优先股有利于激发普通股股东和经营者（特别是有股权激励存在）追求利润最大化目标，消除隐瞒经营业绩动机。因为不参与优先股股东在获得优先股股息后不再参与剩余盈利的分配，其性质接近债权（Alastair Murdoch 在 1997 年对加拿大资本市场实证分析证实一些优先股应该被归类为负债，如可赎回优先股），与普通股股东和经营者对税后利润的分配不再有利益冲突，同时累积优先股要求当年不足以后补齐（累积期限一般为 5 年或 3 年，一些协议规定期内未获规定股息可获得表决权），这就杜绝了久欠不清的念头，不参与累积优先股还为改制后企业的发展和国有股减持提供了空间。随着利润率的增加，资本结构中的优先股的比例将下降，改制后企业在获得发展上升通道后，可以通过赎回等方式减少不参与累积优先股，国有股也可实现进一步的减持。

三、案例介绍

（一）改制前公司基本情况①

江西省萍乡市长途汽车运输总公司成立于 1973 年 4 月 10 日，当时名称为江西省汽车运输管理局萍乡分局，隶属江西省汽车运输管理局领导，实行独立核算；1982 年 1 月更名为江西省汽车运输总公司萍乡分公司，隶属关系未变。1985 年 4 月 19 日，作为全省下放试点企业成建制移交萍乡市人民政府，归口市交通

---

① http://www.jx.xinhuanet.com/news_center/2006-04/25/content_6861174.htm.

局领导，1988 年 4 月 1 日更名为萍乡市第一汽车运输公司，1993 年 3 月再次更名为江西省萍乡市长途汽车运输总公司。总公司拥有资产总额 4254 万元，实收资本 2578 万元，主要的企业经营范围有汽车客、货运及信息；汽车大修、改装（一、二、三级）、汽车美容、销售等。2000 年客运周转量为 31573 千吨公里，营业收入 2424 万元，实现利润 80.78 万元。企业拥有营运客车 263 辆、货车 98辆，客运线路 122 条，日发班次 655 班，其中：省际班线 44 条，日发班次 101班；省内班线 31 条，日发班次 92 班；区内班线 47 条，日发班次 462 班。

（二）改制过程中的纷争

萍乡市长途汽车运输总公司自 2003 年开始实施国有企业改制，2003 年 7 月，在江西省产权交易所网上挂牌转让，后该公司以主体不明为由提出中止挂牌。同年 9 月，萍乡长运总公司在产权没有进场交易的情况下，由原总公司管理层组织发起，在萍乡市注册组建了"萍乡市长途汽车运输有限公司"。由管理层实行相对控股（占企业注册资本的 30% 以上），经营者持大股（占管理层持股量的 30%以上）同时吸纳企业员工入股。2004 年 12 月，公司部分经营性资产再次在江西省产权交易所网上挂牌转让。经过公开征集，江西长运股份有限公司和萍乡市长途汽车运输有限公司成为意向受让人。萍乡市汽车运输总公司经江西萍乡方维资产评估事务所与萍乡地源评估咨询有限公司评估，公司总资产 9313.05 万元、负债 3419.33 万元、净资产 5893.72 万元，并经萍乡市财政局核准备案。此次产权交易只转让公司部分经营性资产 3724.93 万元（剥离原总公司的所有债权、债务），经萍乡市人民政府成立的萍乡市长途汽车运输总公司改制协调小组决定起拍价为 4988 万元。12 月 27 日，通过公开竞价，这单评估价为 3700 多万元的产权交易，最后由萍乡市长途汽车运输有限公司以 6200 万元的竞价成交。这起看似政府受益、职工满意、受让方高兴的成功的国有资产转让，却引起了诸多的纷争。

1. 产权交易前台阳光操作，资产增值

根据竞价前萍乡市交通局出具的"江西省萍乡市长途汽车运输总公司部分经营性资产转让合同相关条款"第一条之规定"出让方将所属的萍乡长运部分经营性资产出让"。

（1）捆绑挂牌经营性资产价值：3724.93 万元，其项目内容的评估价值如表 5 - 1 所示。

表 5 - 1 中所列为本次政府转让萍乡汽运总公司的部分经营性资产评估价值及项目内容，剥离了所有债权、债务。

（2）此次交易不列入资产转让的项目的评估价值及内容（可由政府另行处

表 5 - 1 萍乡长途运输部分经营性资产出让一览表

单位：万元

项目	房屋建筑物				设备部分		土地			
	总公司	湘东车站	芦溪新站	上栗新站	机器设备	车辆	城北车站	上栗车站	芦溪新站	芦溪镇路行村
金额	406.76	132.31	205.93	383.91	110.82	74.54	1527.06	325.2	125.14	146.31
总金额	1128.91				185.36		2123.71			

置获得收益）的主要包括：资产总计 5588.12 万元，其中土地及房屋资产 4145.46 万元，其他资产 1442.66 万元；负债总计 3419.33 万元，其中流运负债 3267.73 万元，长期负债 151.6 万元。而且另有说明，银行负债中，经过转让方萍乡市交通局与中国工商银行协商后，同意以 180 万元偿还 1124 万元的本息合计，享受政府的改制政策，负债将减少 944 万元，该项收益应该归政府享有。

（3）萍乡市汽车运输总公司转让前资产评估和竞价后的对比结果：转让前经评估、萍乡市财政核准备案，总资产 9313.05 万元、负债 3419.33 万元、净资产 5893.72 万元；转让后部分经营性资产 3724.93 万元竞价至 6200 万元成交，净资产增加了 2400 万元；依据萍乡市交通局（2004）48 号文件，改制成本 4787.14 万元，其中职工置换金 3062.96 万元、社保金 806.64 万元、医保金 795.76 万元、失业保险金 121.76 万元；负债减少 994 万元；本次交易转让方剔除公司改制成本及负债，净收益 4450.58 万元。

2. 产权交易背后的"潜规则"争议

竞拍方之一的江西长运股份有限公司认为，"阳光"交易的背后，实际上还有"潜规则"。一是此次交易虽然是由江西省产权交易所主持，但参与资格审查的专家全部是由萍乡市政府指定的，召开专家专题会时，萍乡市政府也明示要让萍乡市长途汽车运输有限公司的受让资格审查通过。据江西长运股份有限公司副总经理姜滨说，由于萍乡市长途汽车运输总公司在改制时，萍乡市政府曾批复为"内部改制转让资产"，现在萍乡市政府又按《江西省产权交易管理办法》（省政府 117 号令）挂牌交易，所以萍乡市政府处于两难当中：既要公开交易，又要确保萍乡市长途汽车运输有限公司有资格参与竞价。因此，萍乡市政府便在资格审查的专家安排方面"动脑筋"、"想办法"。二是转让方以 3700 万元的部分经营性资产，起拍价为 4988 万元，萍乡长运有限公司在明知收购资金不足、竞价条件不够的情况下，充分利用与转让方的"天时、地利、人和"的人脉优势，在公开、公平、公正的交易中，竟然凭借公司不足 2000 万元的资本，不惜一切拆借 4000 万元来参与收购。

而萍乡市招投标中心李主任认为，这次交易是萍乡市有史以来做得最好的一单交易。他说，此次交易的资格审查、资信证明均由江西省产权交易所选定的专家进行审查，整个过程都是江西省产权交易所操作的，有再大的问题，责任也是由江西省产权交易所全部来负。而且他认为，萍乡市政府把萍乡市长途汽车运输总公司部分经营性资产进行拍卖，也是为了妥善安置职工，毕竟国企改制涉及大批职工的安置，不是经济问题，而是社会稳定问题。此外，李主任出示了萍乡市长途汽车运输有限公司到账收购资金90%的凭证，一张是3000万元的银行进账单，另一张是萍乡市长途汽车运输有限公司垫付给萍乡市长途汽车运输总公司职工身份置换款项1356万多元，还有一张是经过萍乡市人民政府特批同意缓交的230万元的请示。萍乡市政府程副秘书长表示，这次交易由江西省产权交易所主持，因此根本不存在暗箱操作，如果程序和资格审查方面出了问题，江西省产权交易所要负责。他承认，萍乡市长途汽车运输有限公司按照《公司法》提出了债权债务应该跟着新公司走的要求，政府正就此问题组织有关部门进行论证。

（三）产权交割后的企业"后遗症"

转让方3700万元国有资产以6200万元成交，是一个增值的结果，但是产权交割的过程和结局是由于受让方无法支付收购价款，多次请求转让方改变竞价前确定的部分经营性资产转让交易的方式，要求承担原公司债务，以达到减少用现金支付的目的，缓解借款的难题。承债后可减少现金净流出2400余万元，同时原萍乡市工商银行负债1143万元债务，可享受政府改制政策优惠，只需支付180万元即可减少负债944万元，然而这些收益应该归转让方享有，而不应返还给萍乡市长途汽车运输有限公司。由于收购资金的限制该起交易至6个月后，仍未办理资产交割、清算和资金到账工作。转让方要求受让方尽快按合同履行，实质上受让方根本就没有资金支付的能力，这种局面是各级政府、省产交所、转让方及公司广大职工所不愿看到和不该发生的。

江西省国资委产权管理处副处长黄立刚说，他们已委托萍乡市国资委对此事进行调查。江西省发展和改革委员会巡视员詹水和认为，萍乡市的这种做法很不妥当，没有把江西省人民政府117号令当回事。其实这场交易效果很好，实现了国有资产的增值，但结果是未按合同去执行。如果萍乡市长途汽车运输有限公司有实力就应履约，不能靠欺骗手段，没有能力就宣布合同作废。如果萍乡市政府同意把原公司的债权债务给新公司，那就是国有资产流失。

四、案例分析与启示

江西省萍乡市长途汽车运输总公司产权交易的前前后后，给我们提出了一个问题，国有企业改制的目的是什么？国有企业一旦进行改制就会涉及诸多利益主体的利益，可以说是对国有产权关系的重新分配。由于相关利益主体都有自己的改制行为倾向，解决地区国有企业的改制问题，在增强企业的可持续发展潜力和能力前提下，应尽可能的维护大多数产权主体的利益。必要时可以让渡一部分国有资产作为一种未来获得更多现金流入的预先支出，以换得企业的可持续发展，使这一政策能够长富于民。因此，改制目的决不是国有资本的顺利退出，对员工的置之不理，也不是对国有资本的侵吞，更不意味着企业的无形消失，而是增强企业竞争力，提升企业发展后劲，尽可能地实现利益相关主体的利益最大化（企业价值最大化），这才是基于和谐发展、以人为本的改制。

江西省萍乡市长途汽车运输总公司改制尘埃未定，争议颇多。争议的焦点主要体现在改制过程的公平、公开和公正性方面：由于萍乡市政府改制行为倾向的干预，导致产权交易的受让双方（江西长运和萍乡长运）显失公平，交易的天平从一开始就向受让方倾斜；产权受让方之一的萍乡市长途汽车运输有限公司在产权交易期间仓促成立，似乎就是为了成为江西省萍乡市长途汽车运输总公司的新主人而成立；产权交易前台的阳光操作，国有资本增值不少，本应皆大欢喜的改制结果却因为萍乡市长途汽车运输有限公司收购资金缺乏变成了"一锅夹生饭"；市长途汽车运输有限公司遵守产权交易合同，国有资本在增值的情况下顺利退出，不遵守产权交易合同，那就是国有资本的流失。

国有资本增值后顺利退出对企业发展就是一件好事吗？那就要看萍乡市长途汽车运输有限公司方面是否能消化这"一锅夹生饭"，产权交易前后的颇多争议说明萍乡市长途汽车运输有限公司确实能力有限。引起争议的根源是国有企业改制方式不符合基于相关利益主体的改制行为倾向的要求——企业能够持续发展。江西省萍乡市长途汽车运输总公司估价3700万元的经营性国有资本在产权交易市场竞价后达到了6200万元，注册资金为2000万元的萍乡市长途汽车运输有限公司成为最后得主（虽然不排除操作行为），如果市场交易是公平的，萍乡市长途汽车运输有限公司就得承担至少4000万元的负债。这样一个结果对企业的持续发展肯定是不利的，萍乡市长途汽车运输有限公司也意识到这一点。为此，在产权交易结束后，萍乡市长途汽车运输有限公司开始了与转让方的讨价还价，要求以承担原来公司的负债来减少企业的负担。假设这一谈判结果能够成功，但对萍乡市长途汽车运输有限公司来讲，未必是一件好事。原来公司总资产 9313.05 万元、总负债 3419.33 万元、净资产 5893.72 万元，剔除改制成本 4787.14 万元，原来公司经营性资产按不增值计算萍乡市长途汽车运输有限公司必须支付给转让方的资金是 3700 万元，再考虑萍乡市长途汽车运输有限公司注册资金 2000 万元，公司最后还得负债 600 万元左右，这里还不包括没有列入产权交易的原有公司的非经营性资产，萍乡市长途汽车运输有限公司如果使用这些资产势必还要增加负债，在此可以得出这样的结论，公司改制之后负债增加，不改制比改制好。

国有企业改制目的是增强企业发展潜力，实现企业的可持续发展。为了有效地解决改制中国有资本的退出难题，可以选择不参与累积优先股模式。国有资本都设立成不参与累积优先股，政府在不增加企业负担，甚至减少企业负担前提下让渡企业经营管理权。有实力的民营企业以自有资金入股企业，在不增加企业负债的情况下把国有资本与自有资本捆绑在一起，实现自有资金的盈利和国有资本的保值增值，以及企业可持续发展的多赢局面。其研究结论是改制的目的是在和谐发展、以人为本的基础上实现企业的可持续发展；改制的均衡点是采取不参与累积优先股模式，实现国有资本的合理定位；政府应该成为改制方式的引导者和推动者、享受优先股股东的监督权或者公司章程约定的权利。

第六章　产权主体与财务治理结构模式：
基于江西长运上市公司的案例研究

本章①通过分析解构产权主体的财务治理偏好，从而为上市公司提出了和谐财务治理结构模式，通过对江西长运公司案例进行分析，进一步验证这一理论思路，论证了和谐财务治理模式在上市公司的重要价值，并得出国有上市公司财务治理结构的三点启示：一是股权结构多元化，资本结构合理化；二是财会分设，监督到位；三是完善外部财务治理结构、加强激励与约束机制。为国有上市公司财务治理结构研究与应用提供借鉴和启发。

一、引言

我国企业改制的历程就是"把国有企业从计划经济体制下的政府部门附属物改制为独立自主的市场竞争主体和经营主体；从行政调拨、配置社会资源的工具改制为通过市场竞争机制优化资源配置的主体；从'小社会'、'大而全、小而全'的封闭性组织改制为高度专业化、开放性的法人；从国家作为单一投资和经营主体的工厂企业改制为投资主体多元化、经营管理民主化以及风险分散化的公司；从不承担任何经济责任的单位式企业改制为权利责任并存、权利义务均衡的法人"。国有上市公司在企业改制过程中占有极大的分量，扮演着极其重要的角色。

公司财务在公司治理、管理中占有主导地位，作为一种价值运动，其具有综合反映作用，企业内部各种权利、责任、利益的制衡、分配、划分最终都以财务的形式体现；其治理结构的好坏将直接影响公司未来的生存和发展能力。国有经

---

① 本章核心内容形成论文《产权主体与上市公司财务治理结构模式研究——以江西长运上市公司为例》发表于《企业经济》2011 年第 7 期。

.54.

济作为中国经济的重要组成部分掌控着国家诸多的经济命脉，其公司的优劣将改变中国经济的发展趋势和广大人民群众生活的幸福度。不仅如此，国内诸多学者也十分的重视，如郭复初从国有企业财务资本结构的角度认识了"国家财务理论"；干胜道（2005）从"所有者财务理论"以及"财务分层理论"角度对公司治理方面提出了独特的见解；伍中信（2006）对"财权流理论"及其配置等问题进行了深入的研究；等等。随着企业改制进程的不断深入，在企业改制中发挥重大作用的国有上市公司也不断地暴露出自己在治理方面存在的缺陷；而且在我国上市公司中，绝大部分都是以原国有公司剥离出的优质资产进行上市的。基于这种特殊的情况，研究国有上市公司治理特别是其财务治理，有着尤为重要和特殊的现实意义和理论价值。衣龙新等（2004）提出任何公司都对财务治理提出了现实需求，完善财务治理的结构有助于改善我国国有企业、上市公司治理状况以及提高公司财务工作效率；杨清香（2008）提出我国国有控股上市公司对财务治理结构的创新必须突破传统"股东至上"的思维定式，建立更清晰、更符合利益相关者要求的财务治理模式；陈艳（2009）分析了国有企业存在的非效率行为需要通过合理的财务结构才可得以改进。故只有明确了国有上市公司的财务治理结构的特点，才能更进一步地解决问题，本章也是基于这个出发点对国有上市公司财务治理结构的特点进行了简要的阐述，并得出，我国国有上市公司财务治理结构具有政府在公司财权配置过程中所起作用和强制程度大、公司内部财权集中、银行等利益相关者对经营者的有效监控与约束机制亟待解决等特点。

二、产权主体影响下的财务治理模式选择

（一）产权主体偏好下的财务治理模式选择

财务治理结构的优化受到企业相关利益者的影响，这是一个不争的事实，各利益相关主体在选择财务治理模式时都会有所偏好。然而基于产权主体的公司财务治理结构问题在现有的文献中并不多见，为此，可以结合上市公司相关利益主体，对上市公司的财务治理结构进行探索性研究，找寻上市公司财务治理的均衡点。

1. 产权主体财务治理模式偏好

产权主体在上市公司中有很多，在这些主体中，真正能对企业具有实际影响力的恐怕就只有投资者（大股东、机构投资者）、职业经理人（高层管理者）以

及债权人（以银行为首的金融机构或者非金融机构），这三个主体对上市公司财务治理的完善和模式的选择是至关重要的，而三个主体对财务治理模式具有不同的偏好。

投资者的财务目标是基于股东财富最大化的，注重股东的利益前提下其财务治理更加务实于"股东至上"，一切以股东的利益为出发点和归宿，在财务治理模式方面主要是股东主导下的高度集权的财务治理结构模式，此模式在限制分权的基础更加倾向于集权，财务决策权力主要集中在股东手中，其他利益主体只能在其领导下进行财务执行工作。

职业经理人的财务目标更加倾向于利润最大化，注重企业在成长过程中自身价值的提升，以及精神财富和物质财富的增加，为此，其财务治理模式更加偏好于现代企业制度下的法制化的分权财务治理结构模式，此模式在限制大股东权力的前提下采取分权的财务治理结构，使高层管理者在上市公司中变得更加主动而有力量，甚至能够极大地与创始股东或者大股东抗衡，达能与娃哈哈之争以及国美的股东权力之争，其实质都是财务治理权力之争。

债权人在上市公司中可能是一个外在的变量，但是这一外在的变量对上市公司的影响却非常大，因为债权人在上市公司有效运转过程中可能没能体现出其影响力，但是在上市公司出现问题的时候，不能满足债权人要求的时候，其影响力对企业来说是致命的。在此，债权人的财务治理偏好是债权人信息完成下的财务治理模式，更加倾向于财务治理过程要始终能够让债权人清楚，并且能够做出相机抉择。

2. 上市公司财务治理和谐模式

上市公司的三大产权主体对财务治理模式都具有自己的偏好，为此，如果不能在集权与分权模式方面做好工作，可能导致上市公司内耗，进而影响上市公司的和谐发展，寻求均衡的财务治理模式成为上市公司持续发展的一个重要的战略关键点。均衡的财务治理模式应该是考虑了多方利益主体的利益，尽最大可能考虑所有产权主体的诉求，为此，其均衡点只能是多元化产权主体参与下的和谐财务治理模式，其意义就在于分散上市公司股权，减少大股东对上市公司的垄断庄家控制和食利阶层，构建由投资者、管理者、债权人和中小股东利益代表（如独立董事等）组成的财务治理权力框架，在财务治理委员会的领导下开展各项财务工作，从而实现财务信息的合法化、公开化和透明化。这一模式具有较好的优点，就是使各权力主体的诉求都能够得到合理化的解决，并在协商一致的基础上在上市公司中得到有效的执行，有利于上市公司在股东和谐的基础上实现自身的和谐发展。

（二）和谐财务治理模式的产权主体博弈分析

和谐财务治理模式的选择对各相关利益主体都具有重要的兼顾意义，能够为各相关利益主体提供合理的利益诉求和财务治理权力或者财权分配权力，当然这一理想状态的达到必须在相应的假设博弈机制基础上才能成立。投资者委托经营者管理企业，一般情况下，能够满足债权人的要求，从而达到内部权力主体与外部权力主体的均衡，外部权力主体不再拘泥于财权配置的要求，从而财权配置更多体现的是管理者与投资者之间的博弈。在此本书主要研究管理者与投资者之间的博弈行为，以论证构建和谐财务治理模式的必要性。投资者与管理者之间的财权博弈关系主要研究投资者为获得剩余索取权而提出财权配置要求时如何激励管理者进行博弈分析。

1. 博弈模型建立

借鉴博弈论的基本原理，可以做出基本假设：

（1）参与人：博弈模型中有两个参与人，一个是投资者，另一个是管理者。

（2）投资者与管理者之间的合作关系基于合同契约。

（3）当投资者提出财权配置要求时，管理者的行为选择是积极和不积极。

（4）信息：双方为不完全信息的动态博弈。

在这个模型中，首先是投资者选择是否委托，其次是管理者选择是否接受财权配置协议，最后是管理者是否积极响应业主财权配置要求，这是一个三阶段博弈。以 H、L 分别表示管理者积极和不积极执行财权配置协议时所需支付的较高成本和较低成本，而 V(0) 表示投资者采用不委托时所能得到的产出，V(H)、V(L) 分别表示管理者积极和不积极执行财权配置时，投资者所能得到的产出，R(H)、R(L) 分别表示管理者积极和不积极执行财权配置时获得的高报酬和低报酬。建立双方之间的博弈树如图 6-1 所示：

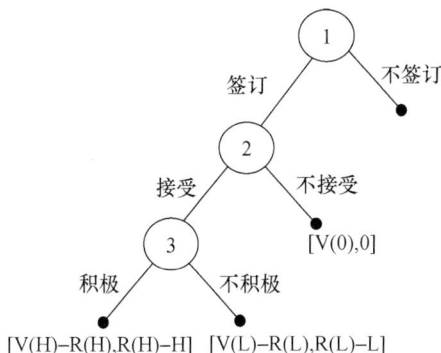

图 6-1 投资者与管理者之博弈模型

2. 博弈模型分析与结论

（1）第一阶段分析。投资者选择是否与管理者签订财权配置协议。若管理者在第二阶段选择不接受，那么投资者这一阶段的选择无关紧要；若管理者第二阶段选择接受，则不论第三阶段是否积极，只有当 $V(H) - R(H) > V(0)$ 且 $V(L) - R(L) > V(0)$ 时，投资者才愿意选择与管理者合作。

（2）第二阶段分析。管理者选择是否接受投资者的财权配置条款。不论其在第三阶段对执行财权配置是否积极，只有当 $R(H) - H > 0$ 且 $R(L) - L > 0$ 时，管理者才会接受与投资者合作。

（3）第三阶段分析。当投资者提出执行财权配置要求时，若 $R(H) - H > R(L) - L$，管理者才会积极执行财权配置协议，即积极执行财权配置所获收益高于不积极执行或按协议履行所获得的收益时，才会按照投资者要求有效地执行财权配置协议。

所以，在合同中应制定执行财权配置架构要求发生时管理者能获得的报酬或补偿机制。结合投资者对执行财权配置产出的预期 $V(H)$ 和 $V(L)$，参与约束（IR）为 $V(H) - R(H) > V(0)$ 且 $V(L) - R(L) > V(0)$；激励约束（IC）为 $R(H) - H > R(L) - L > 0$，此时，投资者选择与管理者合作，而管理者接受合作并积极按投资者要求执行财权配置协议，从而实现产权主体博弈基础上的和谐财务治理模式。

根据以上的分析可以得出结论，上市公司涉及的产权主体是广泛的，而财权配置效率的高低自然会影响到企业相关利益者的利益诉求和企业的持续经营，构建合理的财务治理结构成为关键，通过产权主体的博弈分析，只有构建合理的财权配置架构，即和谐财务治理结构才能使企业相关利益者共生，并实现上市公司的持续发展。

三、案例介绍

2002 年 7 月，江西长运有限公司（以下简称江西长运，股票代码 600561）在上海证券交易所成功挂牌上市，成为中国第一家以公路客运为主业的上市公司。江西长运自改制以来，实行以母公司为核心，以资本为纽带，发挥董事会作为管理中枢的作用，成为对下属子公司实行以战略管理、企业文化支撑为主的市场竞争主体。

（一）组织体系和主要财权配置

随着公司的发展，江西长运的组织体系和岗位机构也随发展需要和实际情况进行调整变动。2008年经董事会批准通过施行新的公司架构。按照现代企业制度的要求和特点，江西长运不断规范和完善公司的法人治理结构。股东会是最高权力机构，下设监事会，负责对公司年度报告、半年度、季度报告进行审议决定，负责检查监督。董事会下设四个专门委员会，总经理、财务总监、董事会秘书对董事会负责。总经理对董事会负责，行使相应职权，并明确规定，总经理在权限内处理公司日常业务经营的决策事项以及在董事会另行特别授权的权限内处理与公司业务、资产相关的其他事项；涉及关联交易的尚需按照公司章程及法律法规和规范性文件的有关规定执行；超出上述权限的，按法律法规、规范性文件以及公司章程的规定报公司董事会审议决定。财务总监由董事长提名，由董事会聘任和解聘，对董事会负责。其他高管由总经理提名，由董事会聘任和解聘。副总经理协助总经理工作，负责公司某一方面的生产经营管理工作。各总监协助总经理分别负责公司人力资源管理、投资、融资业务以及公共关系管理。

（二）基于母子公司体制的财务治理结构创新框架

1. 母公司组织体系结构及基本职能定位

从整个公司架构看，采用的是层级管理体制，按照部门的财务职能和承担的责任大致分为三部分：投资层，是公司的决策中心，主要决定公司的发展速度和方向；经营层，是公司的利润中心，主要负责公司利润增长和市场占有；生产层，是公司的成本中心，主要负责公司生产的成本和质量。母公司是整个公司的管理中枢，是江西长运的战略中心、投资中心、绩效与风险管理中心。公司实行了以董事会为核心的管理模式，管理架构扁平化。股东大会、监事会、董事会作为公司最高权力机构、监督机构、决策机构，严格按照规范的议事规则运作，确保公司在复杂的内外部环境中能做出正确的决策。董事会下设经营决策、薪酬、提名、审计四个专门委员会，主要负责人一般由独立董事或外部董事担任。

2. 子公司财务管控权能定位

子公司作为整个公司的执行层面，是在母公司制定的发展战略框架内的利润中心或成本控制中心，其主要目标是把业务做精做强，形成各自专业领域的市场竞争力。子公司财务部在业务上均由母公司财务部指导、领导，财务负责人的人事安排由母公司财务总监负责，母子公司的财务系统属于垂直管理。

3. 母子公司体制下的产权划分及财权配置原则

作为公司治理结构的重要组成部分和核心内容，江西长运财务治理结构按照以下四项原则划分财务权限：一是股权第一原则：母公司是各子公司的股东，通过内部程序形成股东意志，而后再通过法定程序保障和落实股东权益。二是对口指导原则：母公司职能部门对各子公司对应职能部门的工作实施对口业务指导，确保管理链条顺畅。三是母子同规原则：企业文化手册是母公司及各子公司共同遵守的基本准则。四是无折扣执行原则：母公司的决策一经出台，各子公司必须执行和遵守。财务管控权力按照集中与分散相结合的方式配置：一是集中：集中筹资权；集中投资权；集中资金调度权；集中收益分配权；集中要职要员选择权；二是分散：分散经营管理权；分散人力资源管理权；适度分散费用开支审批权。

（三）财务组织体系以及管控结构

为了适应股份制企业运行的财务管理监督机制，江西长运在成立之初就建立了财务管理、会计、审计监督三权分立、互相制约的财务组织体系。总经理负责财务管理，批准制订公司财务管理制度和办法；总会计师负责会计核算，贯彻执行《会计法》、《企业财务通则》等国家有关制度，并负责规范实施；审计监督对董事会负责，对会计核算、公司内部财务制度和管理办法进行监督执行。同时，规定年度财务预、决算由董事会制定、股东会批准、监事会负责财务检查，建立了由注册会计师事务所审查公司财务报告的制度。随着公司的发展，财务治理的作用变得尤为重要和突出。2007 年公司进一步完善了公司财务治理结构。2008 年根据公司董事会确定的组织架构，对财务管控结构进行了重新调整。总经理与财务总监平行设置，同时向董事会负责，工作中以协调、合作、制衡为主，不是隶属关系。财务部直接向财务总监负责。财务管控组织结构按照三级财务管理机构设置：母公司财务部—各子公司财务部门直属财务部—各基层职能单位财务核算组（岗位）。

四、案例分析与启示

作为中国公路客运第一股的江西长运，其发展为研究国有上市公司财务治理结构提供了范例及启示。

（一）股权结构多元化，资本结构合理化

财务治理结构是指在公司财务战略思想的指导下，形成的一种在不同利益主体间财权配置的制度安排，是不同要素之间合理组合后形成的相对稳定的功能性结构系统。股权结构多元化，即要求投资主体多元化；资本结构合理化，也即所有权与债权比例要适当。江西长运上市以来国有股变化情况呈下降趋势，但是并没有改变国有股的绝对控股地位。国有股比例过重，企业对政府的依附性就越强，就越容易出现政府角色错位、企业与政府关系复杂等问题。江西长运集团公司作为国有独资公司控股江西长运，但并不能根本消除所有者缺位的问题。国有股东本身是政府身份，同时又兼股东身份，双重身份导致在履行职责的时候很难尽职。因此，江西长运董事会发挥着管理中枢的作用，因此完善董事会内部管理、合理调整结构就显得尤为重要。引进机构投资者、发挥债权人等利益相关者的作用成为国有上市公司规范财务治理结构的必然选择。谢卫认为，最令人担忧的，就是弥漫在全行业的一种浮躁情绪，是基金公司行为的短期化。然而，随着公司法人治理结构的完善、市场的规范化以及国有股份的减持，机构投资者逐步介入，股权结构逐步多元化，这是财务治理结构发展的必然趋势，也是改善公司财务治理结构的方向和途径。

（二）财会分设，监督到位

有效的财务治理结构建立取决于两个条件：其一，财务部门与会计部门的分别设立问题，财会分设有利于充分发挥两者的职能。从江西长运财务组织架构图中显示，新的组织结构图中，财务与会计同属一个职能部门，没有分开设计。财务总监对董事会负责，与总经理并列，工作中相互合作、协调和制衡。财务总监下设财务部，部门内设资金管理组、综合管理组、风险控制管理组、预算管理组。财务和会计没有区分，都是在一个部门，直接接受财务部长领导。由于会计工作和财务工作有着显著的区别，建议有条件的企业，尤其是规模较大的企业可以分别设立会计机构和财务机构，分别负责企业的会计核算工作和作为财务管理的归口职能部门。采取这一模式的优点是，职责分明，各司其职。其二，财务总监、审计监察人员等在企业财务中的地位问题，审计监督职能欠缺，监督权错位。董事会下面设立审计委员会，审计部对审计委员会负责。财务总监、内部审计机构和董事会下设的审计委员会等机构、岗位设计完善了组织体系，但在具体职责划分上不清晰，出现重叠，而且执行环节薄弱，在操作过程中缺乏有效的方法和实施途径，导致监管不到位。

（三）完善外部财务治理结构、加强激励与约束机制

江西长运董事会现有9名董事，2名公司董事，3名独立董事，其他为股东委派董事。从人员构成情况看，外部影响仍然比较小。公司下设四个专门委员

会，其成员以外部为主，因此加强外部董事的人员结构、专业化水平就显得尤为重要。建立了出资者财务、经营者财务、财务经理财务"三层结构"管理体系，比较系统地体现了财务分层管理的思想。从三层构架设计看，公司实行了以董事会为核心的管理模式。因此，加强和完善董事会内部管理成为江西长运完善财务治理结构的重中之重。完善的财务治理机制要求以财权配置为手段，以利益相关者的利益平衡为目的来实现的。因此除了对股东、董事会、管理层等与企业有直接利益关联的相关者纳入财务治理机制、获得相应财权配置的机会外，还要考虑员工、债权人、政府、客户等众多利益相关者，以规范和调整各方参与者的关系。国有上市公司要通过加强外部财务治理结构以适应市场化发展的趋势。

第七章 产权主体与集团财务控制：
基于江西公路机械工程局的案例研究

本章①基于产权主体的角度，从集团财务控制理论出发，研究了现代企业集团财务控制存在的三大基本问题：集权与分权不明确，财务控制定位不清晰；管理者存在道德风险，内部人控制严重；混淆经济规模与规模经济，对外投资过渡。提出了相应的对策，完善财会组织结构、规范财务控制；实行财务总监委派制，加强资金控制；完善公司治理结构，实行全面预算控制。同时利用江西公路机械工程局的案例对此进行了论证，提出了集团财务控制的优化方案。

一、引 言

企业集团作为一个以资金为纽带，多层次、多法人的经济联合体，是由母公司、子公司、事业部等组成的复合企业结构，由于分支多、结构复杂，管理难度逐渐加大，业务和组织的复杂性给集团财务控制提出了新的要求，也产生了较多问题。所有权与经营权的分离、出资者财务和经营者财务的独立，使集团财务的有效控制成为了企业集团和专家学者研究的重点。集团财务控制具有其严格的理论基础，主要体现在以下几个方面。

（一）公司治理对企业集团财务控制的影响

公司治理问题随着股份公司的产生而出现，公司的出资者（股东）一般把钱投到公司后并不直接或过多的参与公司的经营，只是依法享有公司经营成果的收益权、剩余财产索取权和重大经营活动知情权等。而真正的公司经营管理工作

---

① 本章核心内容形成论文《现代企业集团财务控制探析》发表于《财会通讯》2008年第6期。

的落实都是在职业经理人班子里组织进行的，但这些细节在运作之前并没有完全向出资者汇报征求意见的必要，这就造成了信息不对称。于是，股东们想出各种各样的控制办法来激励和约束职业经理，这些机制的总称就叫公司治理，美国大经济学家威廉姆森说："公司治理就是限制针对事后产生的准租金分配的种种约束方式的总和，包括：所有权的配置、企业的资本结构、对管理者的激励机制，公司接管董事会制度，来自机构投资者的压力，产品市场的竞争，劳动力市场的竞争，组织结构等等。"李维安、武立东（2003）认为，公司治理以现代公司为主要对象，以监督与激励为核心内容。范黎波、李自杰（2001）认为，公司治理不仅研究公司治理结构中对经营者的监督与制衡作用，也强调如何通过公司治理结构和机制来保证公司决策的有效性和科学性，从而维护公司多方面利害相关者的利益。公司治理在企业中又具体为一系列的契约。

（二）企业集团化趋势对集团财务控制的影响

面对日益复杂的业务组合，需要更系统科学复杂的企业组织形式来对多样化、大规模的业务进行有效的管理。企业集团就随之逐步发展起来，并逐渐成为当代经济中最常见的企业组织形式。企业集团是指由多个独立法人组成的经济联合体，在自由竞争的资本主义发展过程中，这种经济组织形式早在19世纪末20世纪初的欧美等工业化发达国家就出现了，其最初形态是卡特尔、辛迪加。目前市场经济发达国家里的托拉斯、康采恩、财团和集团公司等都属于企业集团的范畴。企业集团是现代企业发展的高级组织形式之一，是由结构化的多个企业组成的企业群体，它由一个或少数几个大型企业为核心，凭借资本、契约、产品、技术等不同的利益关系，将一定数量的受核心企业不同程度控制和影响的法人企业联合起来，这些企业进行彼此关联的经营活动，它们可能同处在一个产业链上下游，也可能共同享有某种资源，或者采用了相同的行业标准，通过产权纽带联结在一起，组成的一个具有共同经营战略和发展目标的多级法人机构的经济联合体。

（三）企业契约对集团企业财务控制的影响

企业是由相关利益主体组成的契约，由科斯开创的"企业契约理论"中谈到企业契约的不完备性。也就是说，契约并不能准确地描述与交易有关的所有未来可能出现的状态以及每种状态下契约各方的权力和责任。因为企业的契约是不完备、未来世界是不确定的，企业所有成员想要得到固定的合同收入是不现实的，这就是剩余索取权的由来；同时当实际状况出现时，必须有人决定如何填补契约中存在的"漏洞"，这就是剩余控制权（即企业所有权）的由来。契约的不完备性不仅意味着"所有权"的存在，而且意味着谁拥有所有权是重要的。而企业的财务契约就是围绕着企业财权配置而形成的一系列机制，其核心是通过财权的合理配置以实现各个契约主体之间的权利制衡，财务契约理论是公司治理，尤其是财务治理的理论基础。

（四）委托代理对集团企业财务控制的影响

企业委托代理关系起源于"专业化"（Specialization）的存在。随着生产力的发展，规模化大生产的出现，企业分工进一步细化，权利的所有者由于知识、能力和精力的原因不能行使所有的权利；而专业化分工产生了一大批具有专业知识的人，他们有精力、能力行使好某一特定的权利。罗斯（Ross，1973）认为，如果当事人双方，其中代理人一方代表委托人一方的利益行使某些决策权，则代理关系就随之产生了。委托代理关系是一种契约关系，通过此契约，一个人或一些人（委托人）授权给另一个人（代理人）为委托人的利益从事某项活动，但这又不同于一般的雇用关系，委托人授予代理人相当大的自主决策权，而委托人很难监控代理人的活动。根据信息不对称理论，即市场交易的各方对有关交易的信息没有全面、充分和真实的了解，整个交易是在不透明的前提下进行的。这种信息不对称和相应发生的信息成本以及由此导致的逆向选择和道德风险效应会影响到市场机制的正常运行，从而影响到市场的均衡状态和效率。在委托代理关系中，由于委托人与代理人的效用函数不一样，委托人追求的是自己的财富更大，而代理人追求自己的工资津贴收入、奢侈消费和闲暇时间最大化，这必然导致两者的利益冲突。

企业集团作为一种企业群体的社会经济组织形式，两权分离后，基于科斯的企业契约理论、委托代理理论和信息不对称理论，所有者可能面临如强势利益相关主体等的风险。同时，企业集团由于其组织结构的复杂性，以及面临市场竞争的日趋激烈，客观上要求企业集团必须加强财务控制，提高管理水平。集团的财务管理应致力于将企业集团资源加以整合优化，使资源投入最小而其利用效率最高，为集团企业创造内部竞争优势，达到企业集团整体利益最大的目标。因此，财务控制是否高效对企业集团来说是十分关键的问题。

二、产权主体影响下的集团财务控制存在的主要问题

（一）集权与分权不明确，财务控制定位不清晰

集团母公司主要工作是对整个集团资本的管理，具体有筹资管理、投资管理

和利润分配管理。但当前往往很多集团的财务功能定位模糊、职责不清，在集权与分权间摇摆不定。有些企业集团财务实行高度的分权管理。子公司在资本融集和运用、财务收支费用开支、财务人员选聘和解聘、职工工资福利及奖金等方面均有充分的决策权，并根据市场环境和公司自身情况做出更大的财务决策；同时各个子公司过渡拥有控制资本的财务权利，这样容易使集团财务形同虚设，没能对企业集团的资金运动进行统一的筹划和控制，随意性大，预算管理混乱；而子公司追求自身的利润最大化，容易造成财务决策盲目和失误，往往会忽视企业集团整体的利益，不利于集团整体资源的优化配置，甚至和企业集团的整体经营目标相悖。然而有些企业集团财务实行高度的集权管理，把成员企业当成是没有法人地位的附属工厂或者车间，忽略其独立的法人资格，把整个企业集团看成一个大企业，在财务上实行绝对化的统一领导。子公司的资本筹集、投资、资产重组、贷款、利润分配、费用开支、工资及奖金分配、财务人员任免等重大财务事项都由母公司统一管理。集团的子公司没有相应的财务自主权和处置权，任何财务问题都需要层层上报集团总部，再由总部层层决策下来执行，从而丧失了市场机会，效率低下，同时也大大挫伤了子公司管理层的积极性。

（二）管理者存在道德风险，内部人控制严重

由于两权分离，产生了委托代理。企业的股东掌握着所有权，而将经营权下放给管理者。所有者为了达到自身效用最大化，往往给予管理者或代理者一定的激励和约束。西方的奖酬计划假说就是阐述报酬契约和企业会计政策选择之间关系的假说。管理者薪酬是由企业经营效果来决定的，而衡量经营绩效的基本指标主要来自财务报告或财务数据。当前多数企业在对主管人员的奖酬计划中都明确列明应需完成的主要财务指标，或将这些指标作为管理者红利或其他福利报酬的计算依据。因此，为达到自身效用或利益最大化，管理者有动机利用较有弹性的会计政策来改变相关财务数据，以增加其报酬。根据奖酬计划假说，管理者通常倾向于选择可增加报告盈利的会计方式，其动因并非是要"误导"市场行为，而主要是通过报告高收益来确保管理者的奖酬。报酬契约的存在驱使管理者通过会计政策和程序的变动在某些年份调高盈余，而在别的年份调低盈余，使整个会计报告趋向对自身最有利的方向。

（三）混淆经济规模与规模经济，对外投资过度

经济规模与规模经济是两个不同的概念，许多人有意无意地把两者等同或混淆起来，致力于追求经济规模，总是梦想做大企业的经济规模。唐万新的商业梦是"以资本为纽带，以产融整合为核心"的整合理论。通过一系列运作，德隆

控制了新疆屯河、沈阳合金和湘火炬"老三股"，北京中燕、重庆实业和天山股份"新三股"，创建了"德隆系"，成为了第一庄家。此时的唐万新放出豪言：战略目标是"进入全球 500 强"。过度的投资规模和过快的增长速度，对资金提出更大的需求，唐万新提出实行"混业经营"，以"巧妙腾挪"在全国地毯式融资 250 亿元，最后是无法支付过量的本金和过高的融资成本而"弄巧成拙"的崩盘。身陷监牢的唐万新自己在"我们的 6 个失误"中把"扩张过快"作为第一失误。企业的经营战略是一个辩证的取舍过程，有时要在"快速的成长"和"健康的成长"之间做出抉择。管理学大师德鲁克曾经说："目前快速成长的公司，就是未来问题成堆的公司，很少例外。合理的成长目标应该是一个经济成就目标，而不只是一个体积目标。"因此，企业集团的发展，经济规模是形式，规模经济是内核。不求大，但求强。

三、产权主体框架下的现代企业集团财务治理机制

（一）完善财会组织结构，规范财务控制

组织控制是指对公司组织机构设置、职务分工的合理性和有效性所进行的控制。股东出资形成公司，出资者形成的股东会自然是最高权力机构。股东推荐董事形成董事会。董事会作为决策层，决策重大事项，并对股东会负责。董事会选择经营者，经营者是执行层，执行公司的决策。为了建立制衡决策和执行，设立监事会，监事会直接对股东会负责。在此治理结构中，作为主要控制手段的财务控制职能细分为会计核算、财务管理和审计监督。其中，会计工作系统不应隶属于经营者，因为经营者实质上是"运动员"，会计核算的功能是按经济业务依据会计制度进行客观的计量，并向公司内外报告"运动员"的成绩——财务状况和财务成果。会计是裁判员，自然不能受"运动员"控制。因而，会计工作系统应独立于经营者，应隶属于董事会，董事会对经营者进行考核和监督。作为日常的财务管理，包括组织收入、成本管理和提高利润等，应对经营者负责。同时应分设审计部门，由监事会直管，对董事会的决策和经营者的执行实施审计监督。在这种组织机构设置和人员岗位安排中，各司其职、各负其责、条路清晰、设置分明，从而保证公司系统有条不紊地运行，从组织控制上保证企业的持续健康发展。

（二）实行财务总监委派制，加强资金控制

集团公司可以委派相应的财务总监到子公司，以加强子公司的财务控制。企业集团在发展和壮大过程中，根据其财务特点，单一企业的财务管理方法已经不能有效地控制企业集团的财务运行，因此伴随着经济体制改革和金融体制改革，企业集团进行统一的资金管理这一做法逐渐产生和发展起来。实行统一的资金管理可使企业集团内部的金融活动更加方便快捷，降低了交易成本；盘活资金存量，减少整个集团的银行账户，提高资金的使用效率；母公司能整体把握资金的投向，操控资金的运作过程和效果。同时，实行统一的资金管理强化了对全资、控股子公司资金的监督和控制，有利于企业集团顺利实现其整体的战略目标。

（三）完善公司治理结构，实行全面预算控制

在现代企业管理中也莫不如此。要想实现企业价值最大化，就必须对整个集团实施全面的预算管理。预算管理是授权管理的重要手段，并与《公司法》、《公司章程》构成公司运行的法律约束框架。全面预算制度是完善公司治理结构的体现。公司治理结构的本质是一种控制与激励机制的制度安排，用以支配若干在企业中有重大利害关系的团体——投资者、经理人员、职工之间的关系，并从这种制度安排中实现经济利益。所以只有在健全、规范的公司治理结构下制定企业全面预算管理才能充分发挥其应有的效用。由于全面预算管理涉及企业内部各管理层次的权利、责任安排，所以，可以作为公司治理结构中所有者与经营者之间利益协调的重要机制。全面预算管理在各单位、各部门的权利控制，是对公司治理结构中，公司内部契约制度安排（即所有者对经营者进行监督和控制）的细化，而预算的完成情况又可作为公司治理结构中考核与评价的依据。实际上，一个健全的公司治理结构被看做是现代企业制度的核心，它在很大程度上决定着公司运作的效率和效果。

四、案例介绍

我国企业集团在 20 世纪 90 年代以前基本上都是以产品、技术为联结纽带的企业联合体，这种联合体实际上不是严格意义上的企业集团。进入 90 年代后，我国企业集团逐渐向规范化方向发展，建立了以资本为联结纽带、以母子公司为主体结构的企业集团组织。但总的来说，我国企业集团目前仍处于初级发展阶

段。江西省公路机械工程局就属于国有企业转型的企业集团，其主要情况如下。

（一）公司基本介绍

江西省公路机械工程局是国家公路工程施工一级总承包，路基、路面、桥梁、交通工程安全设施一级总承包；养护工程施工甲级专业承包；隧道工程专业承包二级；市政工程二级总承包，城市及道路照明二级专业承包工程建设企业，同时具有工程勘察设计丙级资质及园林绿化二级资质，并在江西省交通系统首家通过了 ISO9001：2000 国际质量标准认证。

江西省公路机械工程局成立于 1995 年，前身是江西省公路管理局工程大队。严格按 ISO9001：2000 国际质量标准要求设置机构、配置人员。局机关设行政部、人事部、财审部、经营部、工程部、事业拓展部、安全生产部、总工办、党委办公室、纪检监察室、工会、团委、体制改革办公室、信息中心等业务部门；下设各公司分别从事公路、桥梁、隧道工程、交通工程、市政工程、勘察设计、水利水电工程、房地产开发、公路养护、园林绿化、设备租赁、试验检测等业务，现有员工 890 余名、各类专业技术人员占总人数的 60% 以上，工程机械设备300 多台（套），设备原值超亿元，年最大施工能力超过 10 亿元。

建局以来，江西省公路机械工程局始终致力于以科技进步为先导，坚持以质量求生存，以信誉求发展，以人才为动力，以市场为导向，依托成套的现代化机械设备和先进科学的管理模式，锐意进取，深化改革，走技术型、专业型、产业化、多元化的发展道路，先后参建了昌北机场专用公路、九景高速公路、梨温高速公路、惠州市水门大桥、国电黄金埠电厂等近百个项目工程，均优质高效安全廉洁地完成了施工任务，工程质量合格率 100%，优良率 90%，创造了良好的经济效益和社会效益。经过 10 年的持续经营和滚动发展，江西省公路机械工程局正逐步成为工程施工、工程勘察、工程设计、景观园林、地产开发、房屋建筑、设备租赁等多头并重、机械化、专业化、一体化的工程建设企业。

（二）公司组织结构的构成及运行状况

根据该局多元化的发展思路，该局在巩固主业的同时，近年来陆续组建了路通房地产开发有限公司、艺通园林绿化公司、高鸿实业有限公司、恒路建公司。这些公司的设立，在分流辅助人员、增加劳动岗位和效益方面起到了积极作用，为其多元化发展作出了有益的探索。鉴于该局的主业一直是公路工程施工，且目前该局的中心任务是保证鹰瑞代建项目的顺利实施，已进行股改的下属施工单位结构不宜变动，公司目前组织结构现状主要体现在以下几个方面：

1. 公司组织结构基本模式

目前，江西公路机械工程局已组建了江西瑞通投资发展有限公司，将其现辖的路通房地产公司、高鸿实业有限公司、艺通园林绿化公司、恒路建公司、租赁公司资产全部划入瑞通投资公司（其中租赁公司依法办理企业法人登记，为瑞通全资国有公司），由其统一管理，并以瑞通公司为母体，组建了瑞通集团。集团主要是以资本为纽带，统一管理，拓宽三产市场范围，使江西公路机械工程局的二级管理模式升级成为了三级管理模式。

2. 公司组织结构

为了发挥公司第三产业功能，江西公路机械工程局成立了江西瑞通投资发展有限公司，形成了如图 7 - 1 所示的组织结构。

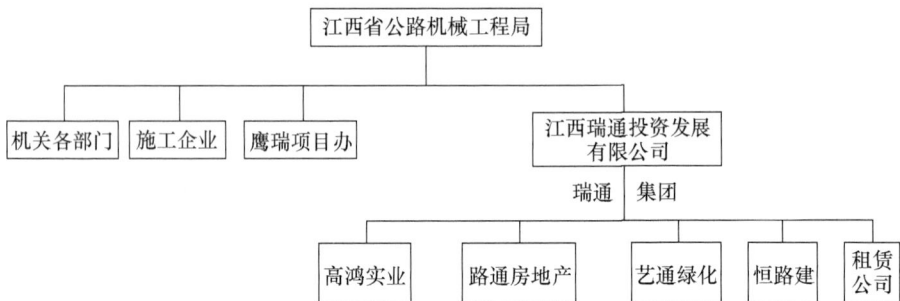

图 7 - 1 江西公路机械工程局组织结构

如图 7 - 1 所示，江西公路机械工程局下辖机关各部门、施工企业和鹰瑞项目办以及江西瑞通投资发展有限公司，江西瑞通投资发展有限公司（瑞通集团）下辖高鸿实业、路通房地产、艺通绿化、恒路建和租赁公司，集团实行三级管理。

3. 公司组织人事制度

根据前述各公司独立经营的现状，各子公司的经营班子基本维持现状，没有太大的变动。集团公司组建后，主要通过业绩、综合考核等量化指标实现调整和流动。集团根据需要设立财审、行政、企划等部门。

在公司决策层方面，集团公司应加强监控，在集团公司设立了理事会，理事会是集团公司的具体指导、管理机构，设理事长、常务副理事长各一名，理事长可由局领导兼任，以有效加强局里对集团的领导。理事会成员由母公司股东（该局）选派人员组成，成员 5 人，每届任期 3 年。集团各子公司在发展方向、市场决策及经营管理方面的重大问题，集团均可要求提交理事会讨论，各子公司总经理（含副总经理）以上经营管理人员的调整，也应征求集团理事会的意见。

瑞通投资发展公司设立董事会，人员 5 人，董事会负责经营管理过程中的具体决策，对重大的经营方向问题及董事会争议较大的问题，董事长应当提交集团征求理事会意见；除路通公司董事长按交通厅要求调整外，其他子公司经营班子暂维持不变，公司的一般经营性问题可由经营管理层集中讨论，重大问题可提交集团理事会征求意见。局可以根据需要向集团母公司派驻独立董事。各公司设立董事会的，董事长人选由集团提出意见，报局批准。对集团理事会的决定，子公司应当执行。为加强监督，集团母公司分别向下属子公司派驻监事，随时了解各子公司经营情况，监事可以列席该公司的董事会或经营班子会议，并发表建议。

集团内部人事管理与局人事管理二者之间，集团理事会成员一律由局里指定人员兼任，人事关系不做调整；集团内部工作人员以现有建制模式整体划转至集团统一管理；集团需要借用、调用局机关或局其他下属公司人员时，应报请局人事部批准，统一办理手续；集团内部工作人员相互流动，由集团自行决定；对集团副科级以上中层领导的考核，由局人事部门委托集团统一进行；集团内部工作人员如有待岗、下岗、内退情况，按局既有政策统一执行，需要局里安置的，局可根据情况向集团收取一定数量的安置补助费用；集团可以根据工作需要外聘人员，但中层以上管理人员应报局人事部门备案（其中财务人员还要报局财审部备案），外聘人员的待遇由集团自行决定，其社保、离岗补助等问题由集团自行解决；集团系统内各公司的人事培训、工会活动、职称评定等问题，统一由集团与局人事部门联系办理。

4. 公司财务组织控制

集团公司各子公司的财务负责人由集团统一下派（委派制），以有效加强监控。各下属子公司的财务人员暂时不作变动，集团可以根据工作需要外聘财务人员以充实财务力量。各子公司可以单独建账，以利于独立核算。集团向局报送合并会计报表，以使局全面掌握三产经营情况。

集团的财务负责人由局财审部指派，各子公司财务直接对集团财务负责，集团可以设立财务结算中心，集中使用财务资源。子公司财务人员相互流动时，集团应报局财审部备案。根据需要，集团可以成立专门的审计委员会，对子公司或单个项目进行财务审计，审计委员会应当邀请局财审部参与；局财审部也可以对集团、下属子公司或单个项目直接进行审计。

集团公司成立后，局原对下属公司的实际投资账目，已合并归类至一项，由母公司统一对局负责，集团应把账面资产管理和实物资产管理有机结合起来，保证资产不流失，并实现资产增值保值目标。

（三）公司组织结构运行中存在的问题

1. 组织结构模式转型落后，公司治理不清晰

（1）集团母子公司强制捏合，整合滞后。江西公路机械工程局从组织结构方面来说是从国有事业单体企业稍作改变的企业集团，沿袭计划经济时期的管理体制，主要采用 U 型组织架构，没有中间管理层，以行政控制模式为主，集团总部与下属成员企业直接联系、直接管理，采取高度集权的内部管理体制。局下属的瑞通集团则是通过局内部安排在原有几个企业基础上通过行政命令方式捏合而成的企业集团，这部分企业集团典型的形成过程是"先有儿子，后有老子"，企业集团资产关系混乱，没有明确的集团公司或核心企业，母子关系不清，名义上的子公司实际上却不一定服从母公司的管理，由此导致瑞通集团根本没有比较清晰的组织架构，通常所说的"十个集团九个空"指的就是这样的企业集团。同时捏合在一起的企业集团也没有形成资产联结纽带，规范的企业集团要建立在现代企业制度基础之上，明确的资产（产权）关系是构建企业集团内部各个成员企业之间组织关系的基础。而要在这部分资产关系混乱的企业集团建立合理完善的内部组织结构，是不现实，也是不可能的。

（2）沿用 U 型组织架构，限制了企业多元化业务的发展。江西公路机械工程局稍作改变后沿用 U 型组织架构，整体看，根本没有完成整个工程局的改制工作，"政事分离"还停留在口号阶段。其运作方式类似于单体企业 U 型架构在企业集团规模小，业务结构单一的情况下是适用的，但对于大型多元化经营的企业集团，其弊端已为企业集团的发展历史所证实。我国许多企业集团，不论规模大小，大多采取 U 型架构，并且仍以单个大企业的运作方式来管理整个企业集团，其弊端是显而易见的，是不利于集团发展的。U 型架构是两层式架构，母公司与子公司的直接联系造成管理幅度太宽，行政管理费用庞大，不符合企业集团组建的初衷。江西公路机械工程局当前的主要业务是高速公路承建，主要项目是鹰瑞高速项目，业务单一，组织结构还可以很好地适应，但是局下面还有很多的三产公司，这些业务是新时期的朝阳产业，是集团进行多元化发展有力的业务单元，因此集团从长远看，U 型的组织架构只会限制企业的发展。

（3）集团战略缺乏科学性，组织结构设置进入误区。江西公路机械工程局的发展战略缺乏科学性，致使企业集团组织结构的建立和创新被误导，为此，只是在原有的组织结构上稍微做了相应的调整。对于高速公路建设有所突出，但是实行的还是集团直接管理，不利于主业的发展；对于非主业的三产公司虽然在一定程度上实行的是三级管理，在集团下面实行专业管理，但是组织设置过于简单、潦草，对三产的发展不能起到巨大的促进作用，同时组织结构没有相应的控制体系作为支持，在人事、财务和组织方面还比较松散。根据组织设计理论，企业集团的发展战略是企业集团组织结构设计的依据。江西公路机械工程局发展战略的非科学性，自然导致不合理的组织结构设计，结果导致集团的组织结构与集团所处的环境和集团自身条件不相适应的现象。

（4）母子公司定位不清，业务单元责权利模糊。江西公路机械工程局未形成明确的投资中心、利润中心和成本中心，母子公司定位不清。局权利过于集中，过于集权，将下属成员企业的经营管理权收归局里，导致局忙于日常的经营管理事务，而无暇顾及整个集团的战略方向和战略规划，并且使下属成员企业积极性不高；而对于局三产实行集团管理，给下属企业充分发挥积极性的空间，可是这样设置一方面使下属企业过于分散而难以控制；另一方面对其关注太少，容易引起下属子公司消极负面的情绪，认为局对其放任听之任之，使联系不紧密的瑞通集团则走向另一个极端，局（集团总部）形同虚设，既不负责战略规划，也不进行日常经营管理。

（5）标准化程度较高。操作性工作以统一方式执行的程度相对较高，但是缺乏因地制宜和管理制度执行力度不够。江西公路机械工程局已组建了江西瑞通投资发展有限公司，将其现辖的路通房地产公司、高鸿实业有限公司、艺通园林绿化公司、恒路建公司、租赁公司的资产全部划入瑞通投资公司，由其统一管理。

（6）政事不分，责权利不匹配。受国家政策影响大，上级干预较多，很多内部决策自己不能做出，员工"主人翁意识"不强，内部分配模式落后。集团公司设立了理事会，集团各子公司在发展方向、市场决策及经营管理方面的重大问题，集团均可以要求提交理事会讨论，各子公司总经理（含副总经理）以上经营管理人员的调整，也应征求集团理事会的意见。

（7）公司理事会权力过于集中，职权划分不清晰。在公司决策层方面，该局在集团公司设立了理事会，理事会是集团公司的具体指导、管理机构，理事长可由局领导兼任，各子公司在发展方向、市场决策及经营管理方面的重大问题，集团均可以要求提交理事会讨论，各子公司总经理（含副总经理）以上经营管理人员的调整，也应征求集团理事会的意见。董事会对重大的经营方向问题及董事会争议较大的问题，董事长应当提交集团征求理事会意见。

2. 组织人事机制滞后，执行力较弱

（1）人员思想落后，市场开拓意识不强。江西公路机械工程局改革远远落后于信息行业改制，以至于人员思想相对僵化，影响了市场开拓意识。市场开拓意识主要包括对市场机遇的敏感性、竞争意识和合作意识；江西公路机械工程局人员在处理日常的经营业务时，不敢越雷池一步，事事都必须通过请示才敢去做，以至于许多市场机会在不经意间溜走，长此以往，整个企业也必将逐渐走向僵化；江西公路机械工程局长期的计划经济体制的影响，导致一部分人不敢对市场开拓行为负起责任，一旦投资失败，面临较大的职业风险，因此，这种责任不明确的落后的经营模式进一步限制了江西公路机械工程局领导和员工的市场开拓意识；绝大部分人员缺乏积极性，因为激励机制相对不足，对企业和个人的发展动力都不足；劳动用工制度改革后，由于缺乏有效的配套政策，江西公路机械工程局需要的人员难进来，不需要的人员退不出去，造成人员老化，整体文化知识老化，也会影响到大多数人的市场意识、合作意识、经营意识，阻碍企业的发展。

（2）人事管理行政化较强，办事效率较低。人事管理采取行政化的方式，用行政人事管理代替企业人力资源管理的模式在公路系统某些部门还存在，影响了江西公路机械工程局的办事效率。在公路系统人事改革中，计划经济用人制度的影响依然存在，"铁饭碗、大锅饭"的思想严重地影响了江西公路机械工程局的人力资源管理，因而在人力资源管理中存在只注重静态的管理和控制，管理注重的是"安置人"，管理的目的是"控制人"，并没有把人作为有能动性、可实现创新的资源。把组织和员工的关系视为传统意义上的"劳资关系管理"，并没有从现代人力资源管理的角度去认识"员工关系管理"。传统的、落后的行政人事管理制度会导致企业员工缺乏竞争，违背"因事设人、人人有事做、事事有人做"的用人原则，使人浮于事的现象仍然严重；在提拔干部上也没有引进现代企业的竞聘方式，而是采取论资排辈的方式，因此，在选人、育人、培人和留人方面不能切实做到公平、公开和公正的竞争上岗、激励约束和合理淘汰；对江西公路机械工程局中职员的工作任职资格进行分析，企业岗位和职位不分，职位高不管有没有管理能力，都可以在高的管理岗位上任职，这是不符合现代企业人力资源管理机制的要求。

（3）激励与约束机制落后，执行力不强。激励与约束机制，即激励约束主体根据组织目标、人的行为规律，通过各种方式，去激发人的动力，使人有一股内在的动力和要求，迸发出积极性、主动性和创造性，同时规范人的行为，朝着激励主体所期望的目标前进的过程。而目前江西公路机械工程局中存在一些不恰当的激励与约束机制，它不仅压制了员工生产经营积极性，而且还会助长员工的偷懒及其他不利于企业发展的行为，从而制约企业的进一步发展。江西公路机械工程局激励的手段单一，除了工资、奖励、福利、官职和荣誉的诱惑以外，没有进一步让企业管理者能够产生长期经营行为的激励手段，现代企业的股票期权和股份期股在江西公路机械工程局中将是一个长期"新名词"，企业员工的短期行为还将继续阻碍着企业的发展；约束机制不到位、惩罚程度低也将影响江西公路机械工程局企业的发展，事业单位人员编制方式直接影响了企业的约束机制的有效实施，同时国有员工身份意识决定了惩罚程度较低。

（4）人才引进方式单一，过于注重内部提升制度。这是国有大型事业单位的一大通病，如此，必然阻碍新鲜血液进入企业，妨碍企业的组织更新和持续发展。江西公路机械工程局人才引进的方式主要是内部提升，这种方式对高素质人才和高层次管理人员的引进和利用产生较大的阻碍。由于懂经营、会管理、技术能力强的复合型管理人才在市场上本来比较紧缺，而引进内部提升的方式只能是拒能人于千里之外；内部提升最容易导致内向化和同质化，而且容易造成近亲繁殖和内部权益斗争的结果，导致企业内部管理人员相互不服气，甚至相互指责和埋怨，为企业日后的发展人为设置障碍；同时这样的方式也使江西公路机械工程局中的不懂管理的高技术人员到管理岗位，管理没做好又荒废了自己的技术。因此，江西公路机械工程局应该探索多种人才引进方式，变"单一"为"多位一体"，采取"人才、技术、技能、项目、资金、信息"等一并吸纳、一并引入，使引进的人才有知、有智、有财、有力、有势、有用武之地，真正带动市域经济的发展。

（5）人员教育培训过于形式化，知识更新较慢。无论是单位组织的培训，还是在高校自我培训，部分员工没有养成很好的培训心态。只是想拿一个文凭或学历的思想影响了学习的意识，失去了培训的目的和意义。很多员工甚至是企业的高层领导，都认为企业培训是人力资源管理部门的事情。通常的做法是在年初或者月初，各部门的经理从人力资源管理部门拿到培训时间计划表，选定要自己或者下属参加的课题，到培训的前几天，就临时安排工作比较空闲的人员参加。所以，有些员工岗位工作比较少，会经常被主管经理叫去凑数，而有些员工事务繁忙，几年都没有参加过培训。很多企业的人力资源管理部门人员没有很好的业务分工，大家都在一起忙于行政事务性的工作，对培训工作的执行只是为了应付上级领导的检查。很多企业的培训形式就是组织学员观看培训光碟、临时参加市场上相关主题的公开课，或者通过熟人介绍培训师到企业讲讲课。由于没有很好地对培训进行设计和规划，培训的形式单一、内容枯燥。而且对于培训的考核也就是仅仅是用次数和时间来衡量，而没有考虑质量和员工是否学到了所需的知识和技能。

3. 集团财务控制系统不合理，运营效益不佳

（1）集团母子公司间财务管理定位不清晰。企业集团往往是以一个实力雄厚的企业为核心，以资本为纽带，在产品技术、经济等多个方面与其他企业相互联系，共同协作构成母子关系为主体的多法人经济联合体。集团母公司作为企业集团的核心部分，在财务上应该处在一个统领全局的位置。它的主要工作是筹资管理，投资管理，利润分配管理，即对整个资本的管理。但江西公路机械工程局财务功能定位模糊、职责不清，在集权与分权间摇摆不定。整个局在财务上实行高度的集权管理，把成员企业当成是没有法人地位的附属工厂或者车间，忽略其独立的法人资格，把整个企业集团看成一个大企业，在财务上实行绝对化的统一领导。子公司的资本筹集、投资、资产重组、贷款、利润分配、费用开支、工资及奖金分配、财务人员任免等重大财务事项都由母公司统一管理。集团的子公司没有相应的财务自主权和处置权，任何财务问题都需要层层上报集团总部，再由总部层层决策下来执行，从而丧失了市场机会，效率低下，同时也大大挫伤了子公司管理层的积极性。对于瑞通集团下属子公司又是实行相当程度的分权管理，为此，子公司追求自身的利润最大化，容易造成财务决策盲目和失误，其往往会忽视企业集团整体的利益，不利于集团整体资源的优化配置，甚至会和企业集团的整体经营目标相悖。

（2）组织结构的缺陷可能会使会计信息失真。由于两权分离，产生了委托代理。企业的股东掌握着所有权，而将经营权下放给管理者。所有者为了达到自身效用最大化，往往给予管理者或代理者一定的激励和约束。为达到自身效用或利益最大化，管理者有动机利用较有弹性的会计政策来改变相关财务数据，以增加其报酬。根据奖酬计划假说，管理者通常倾向于选择可增加报告盈利的会计方式（如固定资产的折旧往往采用直线法而非加速折旧法），其动因并非是要"误导"市场行为，而主要是通过报告高收益来确保管理者的奖酬。江西公路机械工程局也存在类似问题，集团总部虽然从组织结构上制定了一些财务控制的措施，但是企业集团理事会或董事会没有制定出一套规范的、标准化的报酬契约，致使下属子公司管理者可能会利用现行的会计政策漏洞扩大自身对企业财务管理的操控空间。会计报表的真实性受到影响，使企业集团所有者不能及时地掌控企业的所有信息，使他们不能正确有效地做出一些重大决策，影响了企业的发展。

（3）组织机构臃肿，各级部门协调性差。江西公路机械工程局管理模式落后，集团总部与下属子公司的相应机构重叠。集团职能部门存在互相推诿、扯皮的现象，部门副职较多，而应该承担责任的正职多为兼职，这样延缓了效率的提高，降低了企业的竞争力，影响企业业绩的提升，扩大了企业面临的风险。下属集团公司（瑞通公司）在财务管理上过度分权，造成核心企业驾驭不力，难以从集团整体发展的战略高度来统一安排投资和融资活动，结果是下属企业各自为政、各行其是，子公司财务之间的信息交流几乎没有，各级子公司的财务几乎是相互独立缺乏联系的，它们从事的各项经营活动只会追求自身局部利益"最大化"，忽视了其他子公司和集团总体的利益。这些体现在投资上，便是整个集团的投资规模失控，投资结构欠佳，投资收益下降，经营风险加大；体现在筹资上，便是整个集团缺乏内部资金的融通，对外举债规模失控，资本结构欠合理，利息支出增大，财务风险加大。这种缺乏一体化的财务管理，阻滞了资源的合理配置和要素的优化组合，使得维系集团的重要纽带——资金纽带松弛，导致企业集团内部缺乏凝聚力，削弱了集团的整体优势和综合能力的发挥。

（4）成本费用支出失控，对外投资过度。成本费用管理是企业集团财务管理的关键之一，是提高企业经济效益不可忽视的管理重点，费用的高低直接影响企业的效益。但当前企业集团的成本费用支出失控，企业集团管理人员尤其是领导者没有成本费用管理意识，没有建立健全的成本费用管理制度，实行全员成本费用管理，没有科学的制定各项费用指标，层层分解，认真实施并监督和考核，成本失真问题严重。另外由于江西公路机械工程局对三产公司组织控制不力，权利相对分散，致使下属三产公司对外投资可能过度，产生投资无效率。经济规模与规模经济是两个不同的概念，许多人有意无意地把两者等同或混淆起来，致力于追求经济规模，总是梦想做大企业的经济规模。企业的经营战略是一个辩证的取舍过程，有时要在"快速的成长"和"健康的成长"之间做出抉择。此时此刻，是不是拷问一下自己，"我是否必须成长？"管理学大师德鲁克曾经说："目前快速成长的公司，就是未来问题成堆的公司，很少例外。合理的成长目标应该是一个经济成就目标，而不只是一个体积目标。"因此，作为企业集团的发展中，经济规模是形式，规模经济是内核。不求大，但求强。

（5）财务组织结构设置问题严重。针对公司财务组织结构设置问题的弊端（见图7-2），集团成立了专门的审计委员会，对子公司或单个项目进行财务审计，审计委员会邀请局财审部参与；局财审部也可以对集团、下属子公司或单个项目直接进行审计。

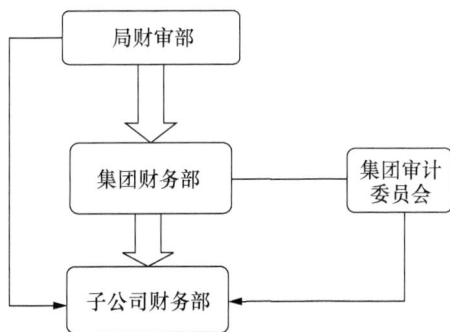

图7-2 公司原财务组织结构

局财审部的权利过于集中，削减了审计委员会的权利，由于产权主体相互间的利益或者是矛盾导致各部门不能精诚合作，影响了企业效率，甚至影响了项目目标的最终实现。局财审部同时管理集团财审部和集团审计委员会，没有做到会计职务与审计职务分离，管理人员容易监守自盗，导致会计信息的真实性缺失以及影响监督的独立性。

委派的财务负责人制度不够完善。受子公司负责人领导，这样委派财务负责人一方面受命于集团，另一方面又是公司的一名员工，受子公司负责人的领导和管理，很可能受经济利益等各种现实诱惑的驱使，被委派财务负责人有可能与子公司经营者成为一个利益共同体，为达到自身目的甚至与经营者合谋来损害公司利益。因此监督的独立性在很大程度上受到影响，很难约束和监督分子公司管理层的工作，监督职能发挥受到限制。

五、案例分析与启示

企业组织结构系统是企业集团总系统的一个重要组成部分，组织结构系统设计的合理与否，直接影响企业集团的生存和发展。而江西公路机械工程局组织结构又存在诸多的问题，企业集团组织结构在很多方面都没有达到促进企业发展的要求，甚至严重制约着企业集团的生存发展，因此有必要对江西公路机械工程局的组织结构系统进行再设计。组织设计理论已经给集团组织设计提出诸多的思路，在此，主要是针对江西公路机械工程局的实际情况提出组织设计的基本思想。

（一）正确确定不同成员企业在企业集团组织中的地位

企业集团成员企业职责不明，行为不规范，母子公司关系不清，这是造成"集而不团"的重要原因。组织结构是规范集团成员企业的行为，明确相互间的权责分工的组织框架，即一种制度安排。因此，合理划分母子公司权限，建立规范的母子公司体制需要对组织结构进行再设计。这里所说的地位，不是指法律地位，而是指集团成员企业在集团内部管理层级中的地位。企业集团各成员企业在集团经营管理中的地位是不同的，母子公司在经营管理上是一种领导与被领导的关系，而不能视作纯粹的平等关系。能级理论告诉我们，在一个组织中，必须使每一组织单位处在它所应处的位置，即与它的能级相适应的位置上，否则就会引起组织的混乱。企业集团作为一种组织，其成员企业的"位置"安排应同样遵循这个规律，不然过高或过低地确定成员企业在集团组织的地位，都会不利于企业集团的组织管理。当然，在一个具体的企业集团中各个成员企业应处于什么位置，须根据它的相对能级来确定。因此对于这些企业集团首先应明确哪个企业或哪些企业是企业集团的核心企业，并对它们进行明确的功能定位。

（二）正确选择企业集团的组织架构模式

企业集团的组织架构模式一共有三种：一是总公司—分公司型，即 U 型架构；

二是总公司（母公司）—事业部—工厂（或生产企业）型，即 M 型架构；三是母公司—子公司—孙公司—关联公司型，即 H 型架构。组织架构的选择是企业集团处理集权和分权关系的核心。从该企业集团组织架构的现实状况看，在处理集权与分权的关系方面，既存在着过于集权的现象，也有过于分权的现象。目前江西公路机械工程局三产正在积极向其他领域发展。多元化经营是国际上大型企业集团发展的重要战略选择，其带来的好处已为实践经验所证实。江西公路机械工程局也正在开展多元化经营，但是企业集团不是过分分权就是过分集权，难以适应多元化战略的需要，迫切需要调整。在公司主要业务中过于集权，对公司第三产业又过于分权，以至于公司业务发展极不均衡，优化江西公路机械工程局集团组织尤为迫切和关键。组织结构是管理体制的一个核心内容，也是管理体制的基础。规范的管理体制必须建立在规范的组织结构基础上。公路企业改制是一个必然的过程，江西公路机械工程局如果不走在市场的前面，就会遇到更强劲的竞争对手。为此，企业集团必须苦练"内功"，壮大自身的规模和实力。而只有拥有规范组织结构的企业集团才能在规模扩张的同时增强自身的实力，规模的扩张只是"量"的扩大，只有组织结构的完善才是"质"的提高。当前，企业集团由于规模太小造成规模不经济，解决这个问题，关键在于对自身的公司财务组织结构系统进行再设计（见图 7-3）。

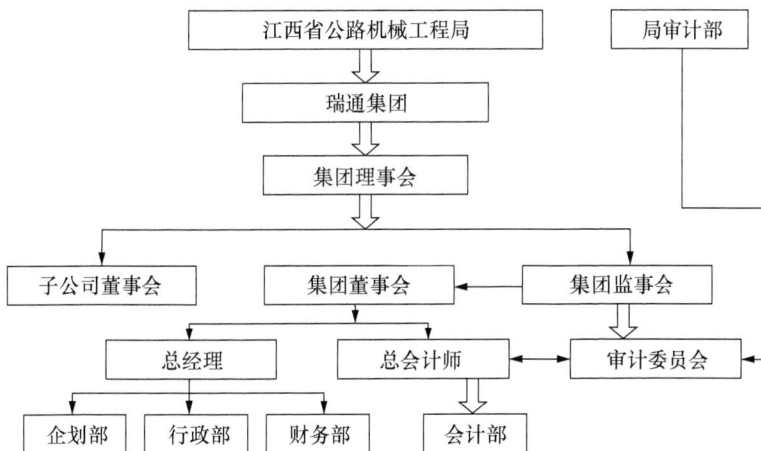

图 7-3 公司财务组织结构再设计

（三）合理设置集团公司组织模式

我国企业集团组织结构最大的问题是没有摆正集团内部成员企业之间的关

系，特别是没有理顺核心企业与其他成员企业之间的关系，母子公司关系混乱，集团公司总部（功能）不健全，不能有效地履行投资中心、战略中心的作用。这已成为我国企业集团今后发展所面临的最大问题之一。

按照江西省公路机械工程局指示精神，依据《规范局三产公司、组建三产集团》的方案，以及《江西瑞通投资发展有限公司章程》制定集团公司组织制度。组织管理制度是依据新《公司法》，按照现代企业制度的要求，基于"因事设岗、因岗设人"和"人人有事做、事事有人做"的原则而制定。组织架构是按照"模拟分权制"的组织设置原理，即各子公司模拟事业部的独立经营、单独核算，成为集团公司的"生产单位"，并拥有自己的职能机构，负有"盈亏责任"。集团公司组织结构如图 7-4 所示。

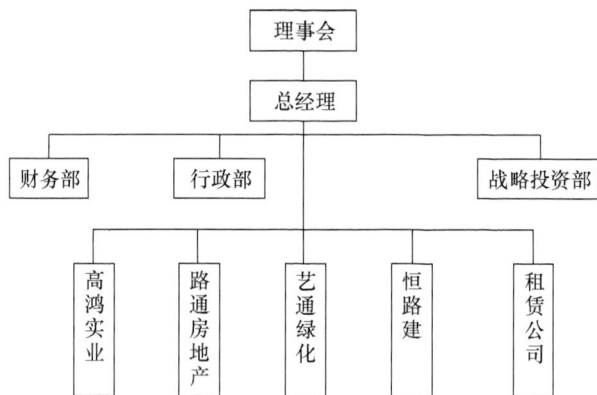

图 7-4　集团公司组织结构

组织最高决策层是由 5 名理事组成的理事会，由理事长领导，常务副理事长主持理事会工作，集团公司总经理对理事会负责，受理事长领导。集团公司总部设置财务部、行政部和战略投资部，下辖高鸿实业、路通房地产、艺通绿化、恒路建和租赁公司五大子公司。集团公司是各子公司的母公司，各子公司关于财务、人事、资产变动等重大事项应受到母公司监督和控制；集团公司总部主要通过人事控制制度、财务控制制度（财会组织控制、会计委派制度和全面预算制度）和项目审批制度对子公司进行有效的控制和监督。各子公司在集团公司各项制度的规定下，在不违背原则的基础上可以灵活有效地管理公司。

（四）以二级管理为标准建立全面预算控制

江西公路机械工程局为了实现法人治理结构的具体要求和安排，保护投资者及相关主体的利益，规范企业的经营行为，实现企业整体目标，应制定全面预算制度。全面预算是企业对所辖范围一定时期内资金运作所做的安排和要求，是对企业一定时期资金的取得和投放、各项收入的形成和费用的支出、企业经营成果及其分配等有关方面预测的具体落实和分项的具体表述，是建立在经营预测和决策基础上实现全过程控制的现代财务管理手段和经营机制。企业集团的一切经济活动都应纳入全面预算的范围，必须按全面预算的要求进行，并接受全面预算的检查和考核。

全面预算按管理体制分为集团和各子公司两级，即集团公司直接管理各子公司的预算；集团成立全面预算管理委员会，负责集团及所属各子公司的全面预算管理；全面预算管理委员会由集团公司领导（理事会）、相关专业部门负责人等组成，具体工作由财务总监主持；集团全面预算的日常管理归口集团公司财务管理部；各子公司的全面预算管理归口各子公司的财会部门，各级全面预算管理责任必须落实到个人。

1. 集团全面预算管理职责

集团理事会为全面预算的最终审批和考核机构；集团预算管理委员会为集团预算管理的最高机构，具体职责如下：贯彻执行国家、省、市有关全面预算的方针政策、法规和有关文件规定；根据集团公司发展计划和现状提出公司预算总目标、总方针和预算编制的要求；审查、批准公司重大项目预算、年度预算；协调公司预算冲突；审批预算修正方案；批准财务决算；制定全面预算的基本管理制度；检查和考核集团公司所属各单位全面预算的执行情况，检查、督促和指导全面预算管理制度的实施情况。

2. 集团财务管理部职责

贯彻执行国家、省、市及股份公司有关全面预算的方针政策、法规和有关文件规定；拟订集团有关全面预算管理制度；组织编制整个集团的全面预算，负责对集团及各子公司的全面预算草案进行汇总和平衡；组织全面预算的分析，收集有关全面预算执行情况资料，向集团全面预算管理委员会提交分析报告。

3. 集团战略投资部职责

贯彻执行国家、省、市及股份公司有关全面预算的方针政策、法规和有关文件规定；审查、汇总、平衡各单位上报的对外投资、融资计划；具体编制集团年度对外投资、融资计划。

4. 集团行政部职责

集团行政部负责编制人力成本预算以及负责公司预算评价和薪酬计划。

5. 集团所属各子公司职责

贯彻执行国家、省、市及集团有关全面预算的方针政策、法规和有关文件规定；根据集团对本子公司年度全面预算的指导性意见编制年度全面预算；按集团布置的全面预算格式要求，上报全面预算资料；定期上报公司全面预算执行、分析的报告；协助集团有关部门做好与本子公司有关全面预算的工作；结合本子公司的实际情况，制定全面预算管理的实施细则；提出预算改进建议。

（五）以岗位责任制创建项目投资组织制度

项目投资组织制度所称对外投资是指将公司拥有的一定数量资产（有形的或无形的）投入独立于本企业的某种对象或事业，以谋取经济效益和控制权等的活动，包括收购、兼并、参股其他公司和设立新公司等股权投资和债权投资。对外投资内部控制是指为优化投资结构、提高投资效益、控制投资风险和保证投资信息的准确可靠而在企业内部采取的一系列相互制约与协调的办法、措施与程序的总称。

企业投资战略关系到企业战略的成败。集团设立战略投资部，负责集团投资项目的开拓、选择、审核工作。战略投资部在集团总经理领导下，实行岗位责任制，把集团的各项工作按照内容、性质和特点层层细分到各个岗位上，并且确定各个岗位的职责、权限、利益，形成权责利对等、岗位利益与员工利益紧密相关的管理体制。战略投资部岗位包括经理、项目经理和职员。

1. 战略投资部经理职责

在集团总经理领导下，负责管理集团的投资工作，并对总经理负责，报告工作；负责领导和组织筹划公司投资战略，确定投资目标，调研投资项目，制定投资方案、决定投资计划和实施计划的步骤和举措，布置投资任务；负责集团内部各有关部门对投资事项的沟通联系和分工配合，协调投资工作；负责处理投资管理工作中的重要事项，包括签订合同、制定章程等；负责安排战略投资部内工作人员的职责权限，并向人力资源部提交人事安排计划；负责把项目下达到相关的子公司；完成总经理交办的其他工作。

2. 项目经理职责

在战略投资部经理的领导和授权下，负责公司日常的投资管理工作，并对战略投资部经理负责，报告工作；根据企业投资战略和目标，制订投资方案和年度投资计划以及融资计划，制订投资管理制度，经总经理批准后执行；负责公司总部所属投资项目的选择、咨询调查、可行性研究，编写项目建议书，可行性研究报告；完成战略投资部的其他工作。

3. 投资职员职责

在战略投资部经理领导下，负责各自的投资管理工作，并对战略投资部经理负责，报告工作；根据经理布置的任务，认真做好投资项目的选择，收集资料和信息，正确进行可行性研究，研定方案，提出建议；负责办理投资日常事务，保证正确完成承办的任务，做好投资管理工作；严格遵守投资管理规定的各项制度，守职尽责；完成领导交办的其他工作。

4. 项目投资金额权限

公司理事会、总经理办公会分别在其权限内对投资活动进行审批与决策。公司项目投资管理权限：项目投资额在 30 万元以下，由总经理办公会审议批准；项目投资额在 30 万 ~ 100 万元的，由公司理事会审议批准；项目投资额在 100 万元以上，由主管部门和相关单位审议批准。公司各子公司没有对外进行项目投资的权利，任何对外投资都必须得到集团公司的审核和批准。

第八章　产权主体与财会管理组织：
基于财务管理组织机构争鸣的案例研究

　　本章①从相关专家对财会管理组织机构设计的观点出发，评述了这些观点存在的问题。为了更好的分清责任，利用会计与财务的区别理论和组织设计相关理论研究了财会组织设计的指导思想，并在此基础上设计了相应的财会管理组织机构。通过在这种组织机构设置和人员岗位安排中，各司其职、各负其责、条路清晰、设置分明，从而保证公司系统有条不紊的运行，从组织控制上保证了企业的持续健康发展。通过财务管理组织结构设置的争鸣案例加以研究和论证，为本章提出的财会管理组织提供现实支持。

一、引言

　　我国学者对企业会计与财务管理组织机构的研究经历了计划经济、计划经济向市场经济过渡和市场经济的不断完善这样三个阶段，众多的专家学者根据自己的研究形成了相应的财会管理组织机构，比较有代表性的有以下三种观点。杨纪琬、夏冬林（2003）设计的财会管理组织机构是实行总经理领导下的总会计师负责制，下设财务、会计、内部审计三个部门。陆正飞（2001）的财会管理组织机构是典型的制造业企业组织图，财务副总经理作为现代公司三大功能板块之一的领导，直接对公司总裁（首席执行管）负责。张鸣（2005）认为，董事会下设总经理和财务经理，他们共同管理计划财务部。

---

①　本章核心内容形成论文《浅析财会管理组织机构优化问题》发表于《商场现代化》2008 年第 4 期。

二、产权主体影响下的财会组织结构设计

（一）财会组织结构优化设计思想

财务与会计在理论和实务工作中具有紧密的联系，以致众多的理论工作者和实务工作者不能很好的界定它们的关系，给实践工作带来很多不必要的麻烦。财务和会计不是等价的，会计是基础、财务是目标，会计可以为财务决策提供大部分的信息支持。它们分属不同的信息系统，会计属于信息系统，财务属于决策系统，因此是有区别的（见表 8-1）。

表 8-1　会计与财务的区别

	会计	财务
本质	信息系统	决策系统
对象	资金运动量的描述	资金运动质的研究
职能	确认、计量、报告—反映、监督	预测、决策、计划、控制、考核、分析
要求	合法、标准、规范—科学	合理、高效—艺术
依据	公允的准则、制度	内部管理制度
工作性质	专业性、技术性	群众性、全员参与
知识结构	专业会计	会计、财务、管理、金融、战略
责任主体	法定代表人、总会计师	总经理、财务总监
责任对象	国家、投资者、债权人等	投资者
工作时点	事后为主	事前、事中、事后
工作方式	遵法而行	灵活多样
遵循的原则	以事实为依据、以法律为准绳	满意原则

认清其联系和区别对于合理的设立企业财会管理机构意义重大。如果不能很好的分清财务与会计的区别，就不能很好地认识财务与会计的职能，甚至审计的权利与义务以及各自的责任主体。

组织控制是指对公司组织机构设置、职务分工的合理性和有效性所进行的控制。公司组织机构设置涉及两个层面：一是公司法人治理结构问题，涉及股东会、董事会、监事会、经理的设置及其相互之间的权力制衡和分配关系；二是公

司内部管理部门的设置及其相互关系。财务控制应在健全公司治理结构的基础上，选择与公司治理结构相适应的控制模式。职务分工主要解决不相容职务分离问题，做到授权批准与执行业务、业务经办与审核监督、业务经办与会计记录、财产保管与会计记录、业务经办与财产保管五种职务之间相应实行分离。

（二）财会组织机构优化设计

严密、高效的组织控制是企业高效运转的前提，根据会计与财务的区别、内部控制制度的职务不相容原则及公司治理的原理和要求，本章设置了一个全新的财会组织机构图（见图8－1）。在该组织结构图中，股东的股东会自然是最高权利机构。股东推荐董事形成董事会。董事会作为决策层，决策重大事项，并对股东会负责。董事会选择经营者，经营者是执行层，执行公司的决策。为了建立制衡决策和执行机制，设立监事会，监事会直接对股东会负责。在此治理结构中，作为主要控制手段的财务控制职能被细分为会计核算、财务管理和审计监督。其中，会计工作系统不应隶属于经营者，因为经营者实质上是"运动员"，会计核算的功能是按经济业务依据客观的会计制度进行客观的计量，并向公司内外报告"运动员"的成绩——财务状况、经营成果和现金流量。会计是裁判员，自然不能受"运动员"控制。

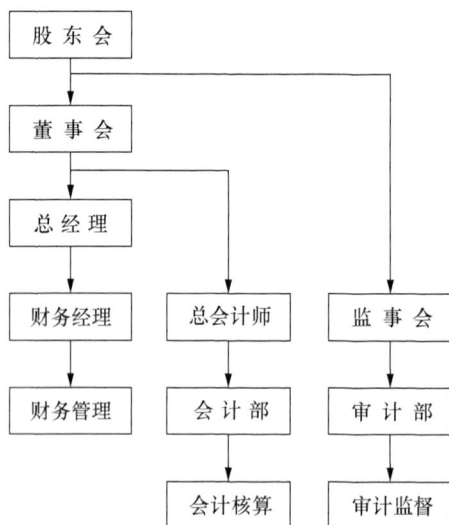

图8－1　财会组织结构

因而，会计工作系统应独立于经营者，隶属于董事会，董事会对经营者进行考核和监督。作为日常的财务管理，包括组织收入、成本管理和提高利润等，应对经营者负责。监事会在许多企业形同虚设，并没有发挥应有的作用，影响了企业的健康、持续发展。其原因之一是没有自身的职能部门。所以应分设出审计部门，由监事会直管，对董事会的决策和对经营者的执行实施审计监督。在这种组织机构设置和人员岗位安排中，各司其职、各负其责、条路清晰、设置分明，从而保证公司系统有条不紊的运行，从组织控制上保证了企业的持续健康发展。

三、案例介绍

我国学者对财务管理组织机构的研究经历了计划经济、计划经济向市场经济过渡和市场经济的不断完善这样三个过程，众多的专家学者根据自己的研究形成了相应的财务管理组织机构，比较有代表性的主要体现在以下三个案例中。

案例一：清华大学夏冬林教授的财务管理组织机构（见图 8 - 2），实行总经

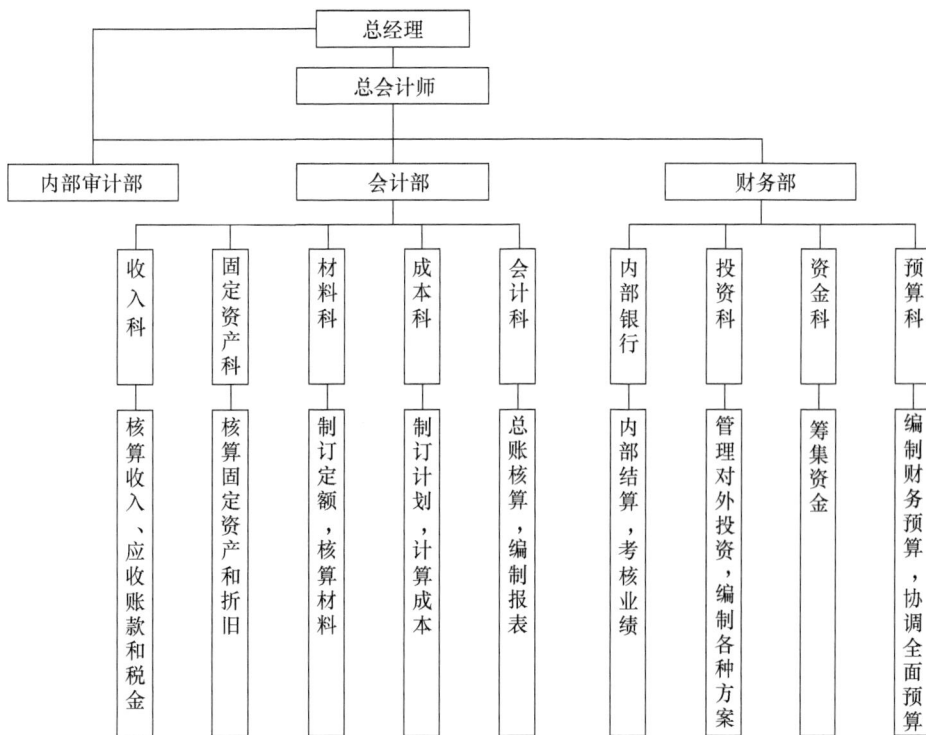

图 8 - 2　清华大学夏冬林的财务管理组织机构

理领导下的总会计师负责制，下设财务、会计、内部审计三个部门。财务部门包括资金科、投资科、预算科、内部银行，主要负责公司的资金管理和资本运作；会计部门下设会计科、成本科、材料科、固定资产科和收入科，主要负责公司的成本管理和会计核算。内部审计部门同时又对总经理负责。

案例二：东北财经大学陆正飞教授的财务管理组织机构（见图8-3），是个典型的制造业企业组织，从中可以看到，财务副总经理作为现代公司三大功能板块之一的领导，直接对公司总裁（首席执行官，CEO）负责。在大型公司里，财务副总裁负责的工作往往又被分割成两块：由财务长（Treasurer）负责或由主计长（Controller）负责。财务长的职责是作为有关财务管理的决策者，包括融资决策、投资决策及股利决策以及进行资金管理；主计长的职责则主要是会计核算、控制及报告。当然，实践中财务长和主计长的职责往往并不那么泾渭分明。[①]

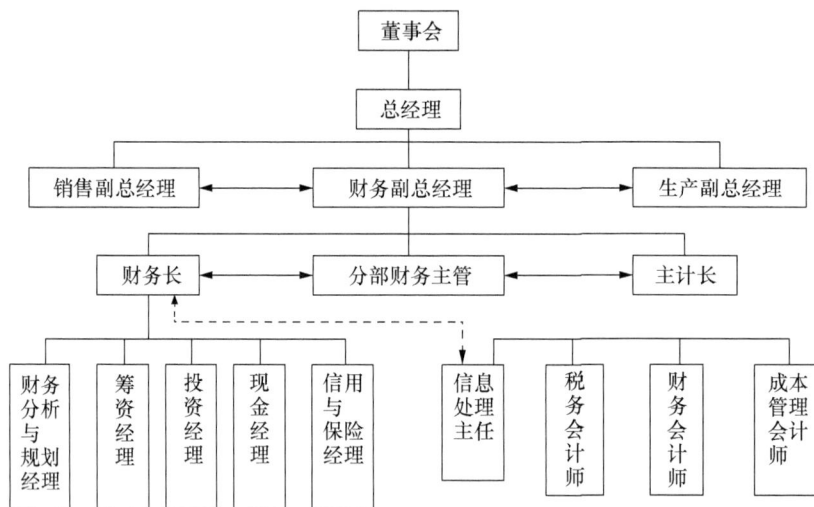

图8-3 东北财经大学陆正飞的财务管理组织机构

案例三：上海财经大学张鸣教授的财务管理组织机构（见图8-4），财务管理部门由企业主管财务的副总经理或高级财务官员（Chief Financial Officer, CFO）领导，下设主计长（Controller）和司库（Treasurer）。财务副总经理除了管理主计长和司库的工作外，主要负责企业财务战略和计划的制定、外汇交易和管理、利率风险管理、生产和存货的控制，具体对主计长和司库的分工作出安

① 陆正飞.财务管理（第1版）[M].大连：东北财经大学出版社，2001.

排。主计长负责与会计有关的事项，其中包括：①财务会计，其职能是编制企业的财务报表如资产负债表、损益表和现金流量表等；②成本会计，其职能是编制公司的经营预算、对企业内各部门的状况进行控制；③税务，其职能是负责向国家各税务部门履行税务登记和纳税申报等事项；④数据或资料处理，其职能是负责公司在会计活动中的数据处理。司库的工作通常涉及资金的筹措、日常管理和支出等，具体包括以下几方面：现金及有价证券管理；投资决策分析；筹资计划；信用分析；与投资者关系协调；养老金管理；等等。①

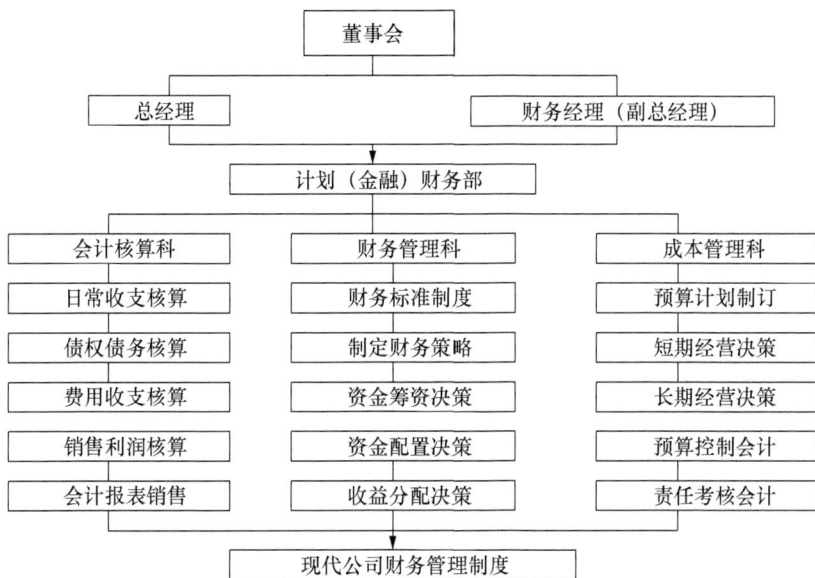

```
                        ┌──────────┐
                        │  董事会   │
                        └──────────┘
            ┌───────────────────┴──────────────────────┐
      ┌──────────┐                          ┌────────────────────┐
      │  总经理   │                          │ 财务经理（副总经理） │
      └──────────┘                          └────────────────────┘
            └───────────────────┬──────────────────────┘
                        ┌──────────────────┐
                        │ 计划（金融）财务部 │
                        └──────────────────┘
      ┌──────────────────────┼──────────────────────┐
┌──────────┐          ┌──────────┐          ┌──────────┐
│ 会计核算科 │          │ 财务管理科 │          │ 成本管理科 │
└──────────┘          └──────────┘          └──────────┘
┌──────────┐          ┌──────────┐          ┌──────────┐
│ 日常收支核算│          │ 财务标准制度│          │ 预算计划制订│
└──────────┘          └──────────┘          └──────────┘
┌──────────┐          ┌──────────┐          ┌──────────┐
│ 债权债务核算│          │ 制定财务策略│          │ 短期经营决策│
└──────────┘          └──────────┘          └──────────┘
┌──────────┐          ┌──────────┐          ┌──────────┐
│ 费用收支核算│          │ 资金筹资决策│          │ 长期经营决策│
└──────────┘          └──────────┘          └──────────┘
┌──────────┐          ┌──────────┐          ┌──────────┐
│ 销售利润核算│          │ 资金配置决策│          │ 预算控制会计│
└──────────┘          └──────────┘          └──────────┘
┌──────────┐          ┌──────────┐          ┌──────────┐
│ 会计报表销售│          │ 收益分配决策│          │ 责任考核会计│
└──────────┘          └──────────┘          └──────────┘
      └──────────────────────┼──────────────────────┘
                    ┌──────────────────┐
                    │ 现代公司财务管理制度 │
                    └──────────────────┘
```

图 8-4　上海财经大学张鸣的财务管理组织机构

四、案例分析与启示

财务与会计在理论和实务工作中具有紧密的联系，以致众多的理论工作者和实务工作者不能很好地界定其关系，给实践工作带来很多的麻烦。财务和会计不是等价的，会计是基础、财务是目标，会计可以为财务决策提供大部分的信息支

---

① 张鸣等．财务管理学（第1版）[M]．上海：上海财经大学出版社，2002.

持。它们分属不同的信息系统，会计属于信息系统，财务属于决策系统，因此是有区别的。认清其联系和区别对于合理地设立企业财务管理机构意义非常重大。

如果不能很好地分清财务与会计的区别，就不能很好地认识财务管理的权利与义务，以及各自所负责的直接上级。就像三个案例中的财务组织机构的共同问题是没有分清会计与财务的责任对象、对谁负责，从而不但会计部和财务部，甚至审计部都归总经理负责。从组织设计理论来讲，案例一中的财务管理组织机构存在的最大问题是审计部同时受总会计师和总经理负责，容易导致多头领导；从内部控制角度来讲，会计部应该制约财务部、审计部应该制约会计部，从而达到相互制衡、相互制约的作用，而案例一中的财务管理组织机构，确是把三个部门放到一起，这有违内部控制理论，而且会导致"监守自盗"的行为产生。案例二存在的主要问题也是没有分清财务与会计的区别，从而混淆了两者的责任对象，把会计和财务同属一个部门。案例三中的组织机构也有导致多头领导和职责不分的问题，不利于相互监督和公司治理的完善。

为了建立有效的财务管理组织机构，根据内部控制理论、公司治理理论、组织设计理论和财务与会计的区别理论，分清审计、会计和财务的责任对象：审计是监督会计的，直接对股东大会下的监事会负责；会计是监督财务、制约总经理，对董事会领导下的总会计师负责；财务是公司预算的执行主体，直接受总经理的领导，并对其负责。因此，为了分清工作职责，理顺工作关系，明确责任主体，在实践工作中可以设立如下模式（见图8-5）。

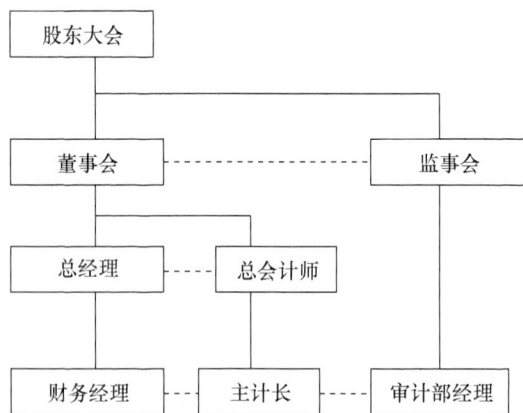

图8-5　财务管理组织机构

图8-5中所设置的财务管理组织机构考虑了组织设计思想中的相互制约、

相互制衡和相互协调的关系，避免多头领导；也考虑到了公司治理结构理论中的责、权、利关系，确定各自要负责的对象；在组织设置中加入了内部控制思想，使审计部能够做到相对独立。当然组织设计只是从形式上保证了组织的有效运行，要保证组织的全方位有效运行，组织中各负责人经济上应保持有效的独立性。

第九章 产权主体与企业并购：基于长运股份与昌大瑞丰合作的案例研究

在转型中国的今天，市场经济即将渗透中国经济的每一个领域，竞争成为企业发展中必然面临的压力。众多企业各领风骚三五年后在"红海"中消失，也预示着中国"微利时代"的到来。企业残酷的竞争令企业家们不断的反思，寻找"失落的蓝海"成为企业新的经济增长点，在蓝海中"双赢"成了企业家们的共识。竞争更要合作，成为今天企业做强做大的关键，企业并购成了现代企业发展的方向。本章①通过对昌大瑞丰和长运股份合作前的谈判、合作过程以及合作结果进行回顾，从财务角度解构了合作的可能性、"有缘无分"的原因和成功合作的关键。

一、引 言

由于规模经济、交易成本、价值低估以及代理理论等的长足发展，使企业并购理论的发展非常迅速，成为目前西方经济学最活跃的领域之一。

（一）竞争优势理论

并购动机理论的出发点是竞争优势理论的原因在于以下三方面：第一，并购的动机根源于竞争的压力，并购方在竞争中通过消除或控制对方来提高自身的竞争实力；第二，企业竞争优势的存在是企业并购产生的基础，企业通过并购从外部获得竞争优势；第三，并购动机的实现过程是竞争优势的双向选择过程，并产生新的竞争优势。并购方在选择目标企业时正是针对自己所需的目标企业的特定优势。

---

① 本章核心内容形成论文《物流企业并购失败案例财务解构》发表于《财会通讯》2010 年第 26 期。

（二）规模经济理论

古典经济学和产业组织理论分别从不同的角度对规模经济的追求给予解释。古典经济学主要从成本的角度论证企业经济规模的确定取决于多大的规模能使包括各工厂成本在内的企业总成本最小。产业组织理论主要从市场结构效应的理论方面论证行业规模经济，同一行业内的众多生产者应考虑竞争费用和效用的比较。企业并购可以获得企业所需的产权及资产，实行一体化经营，获得规模效益。

（三）交易成本理论

在适当的交易条件下，企业的组织成本有可能低于在市场上进行同样交易的成本，市场为企业所替代，当然，企业规模扩大，组织费用将增加，考虑并购规模的边界条件是企业边际组织费用增加额等于企业边际交易费用的减少额。在资产专用性情况下，需要某种中间产品投入的企业倾向于对生产中间产品的企业实施并购，使作为交易对象的企业可以转入企业内部。在决策与职能分离下，多部门组织管理不相关经济活动，其管理成本低于这些不相关经济活动通过市场交易的成本，因此，把多部门的组织者看做一个内部化的资本市场，在管理协调取代市场协调后，资本市场得以内在化，通过统一的战略决策，使不同来源的资本能够集中起来投向高盈利部门，从而大大提高资源利用效率。在科学分析这一效果方面，现代财务理论和实践的发展以及相关信息处理技术促进了企业并购财务理论的发展，也为量化并购对各种经济要素的影响，实施一系列盈亏财务分析，评估企业并购方案提供了有效的手段。

（四）代理理论

詹森和梅克林（1976）从企业所有权结构入手提出了代理成本，包括所有者与代理人订立契约成本，对代理人监督与控制成本等，并购可降低代理成本，通过公平收购或代理权争夺，公司现任管理者将被代替，兼并机制下的接管威胁降低代理成本。

（五）价值低估理论

企业并购的发生主要是因为目标公司的价值被低估。低估的主要原因有三个方面：经济管理能力并未发挥应有的潜力；并购方有外部市场所没有的有关目标公司真实价值的内部信息，认为并购会得到收益；由于通货膨胀等原因造成目标企业资产的市场价值与重置成本之间存在的差异，如果当时目标企业的股票市场价格小于该企业全部重置成本，并购的可能性大。价值低估理论预言，在技术变化快，市场销售条件及经济不稳定的情况下，企业的并购活动频繁。

二、产权主体影响下的企业并购策略

（一）企业并购

企业并购的付款方式划分，并购可分为以下多种方式：

1. 用现金购买资产

用现金购买资产是指并购公司使用现款购买目标公司绝大部分资产或全部资产，以实现对目标公司的控制。

2. 用现金购买股票

用现金购买股票是指并购公司以现金购买目标公司的大部分或全部股票，以实现对目标公司的控制。

3. 用股票购买资产

用股票购买资产是指并购公司向目标公司发行并购公司自己的股票以交换目标公司的大部分或全部资产。

4. 用股票交换股票

用股票交换股票，又称"换股"，一般是并购公司直接向目标公司的股东发行股票以交换目标公司的大部分或全部股票，通常要达到控股的股数。通过这种形式并购，目标公司往往会成为并购公司的子公司。

5. 债权转股权

债权转股权是指最大债权人在企业无力归还债务时，将债权转为投资，从而取得企业的控制权。中国金融资产管理公司控制的企业大部分为债转股而来，资产管理公司进行阶段性持股，并最终将持有的股权转让变现。

6. 间接控股

间接控股主要是战略投资者通过直接并购上市公司的第一大股东来间接地获得上市公司的控制权。如北京万辉药业集团以承债方式兼并了双鹤药业的第一大股东北京制药厂，从而持有双鹤药业 17524 万股，占双鹤药业总股本的 57.33%，成为双鹤药业第一大股东。

7. 承债式并购

承债式并购是指并购企业以全部承担目标企业债权债务的方式获得目标企业

控制权。此类目标企业多为资不抵债，并购企业收购后，注入流动资产或优质资产，使企业扭亏为盈。

8. 无偿划拨

无偿划拨是指地方政府或主管部门作为国有股的持股单位直接将国有股在国有投资主体之间进行划拨的行为。有助于减少国有企业内部竞争，形成具有国际竞争力的大公司、大集团，带有极强的政府色彩。如一汽并购金杯的国家股。

（二）并购动机

转型期中国，市场经济即将渗透中国经济的每一个领域，竞争成为企业发展中必然面临的压力。竞争更要合作，成为今天企业做强做大的关键，企业并购成了现代企业发展的方向。对企业并购动机的研究也成为热点问题，企业并购的动机在于将自身的竞争优势"送出去"，或者将其他企业的竞争优势"拿过来"，两方面都以巩固和提高企业的竞争能力为目的，以实现企业长期利润最大化为最终目标。企业并购动机从财务动机方面分为财务协同效应和避税效应等，财务协同效应是指并购对企业财务的有利影响，包括自由现金流量的充分利用、资本需求量的减少和融资成本的降低等。当然消除亏损、优化资源配置、组建企业集团、获取低价资产和降低代理成本等也是企业的关键动机。张玉珍（2004）建立了核心竞争力获取型兼并动机分析模型，结论表明，只有当兼并后企业的整合能力超过被收购企业一定的临界值，或者核心竞争力的外部效应小于一定的临界值，双方才有进行技术获取型兼并动机。杨晓嘉、陈收（2005）在总结了国外的企业并购动机之后，结合中国上市公司的六层次需要把并购动机分为保护上市资格，维护公司信誉，维护个人地位，维护竞争势力，分散经营风险，建立产业联盟。

（三）并购条件

企业之间的竞争是相互的，企业在相互竞争的同时，也就产生了一定的依赖关系。目前，企业对待竞争者的认识还存在局限，主要是对竞争关系的复杂性重视不够。对待竞争，绝大多数企业仅将它作为威胁去应付，而忽视竞争中形成的依赖关系、合作关系。企业间虽然存在分歧和对立，但也有共同利益。竞争企业在某一方面或某一局部利益一致时，就具备了进行局部合作的基础。竞争企业各方应从大局着眼，在利益一致的经营环节上达成较长期具体的合作，当然，这并不妨碍它们在别的领域展开竞争。市场竞争如同分蛋糕，当大家在一起合作做蛋糕时，多数会得到满意的结果；当大家在分蛋糕时，如果蛋糕太小，多数人就得不到满意的结果。这样，最终大家都意识到得把蛋糕做大，形成双赢的结果。

1. 并购条件

并购条件主要包括支付方式、支付期限、交易保护、损害赔偿、并购后人事安排、税负等问题。实际上收购条件也是并购价格的一部分。在收购协商陷入僵局时，为促成交易的完成，谈判双方必须在并购价格或某些并购条件上做出一定的让步，否则交易是难以达成的。[①]

通常情况下，一方面，并购双方在协商收购交易时，收购方争取的不仅是尽可能的低价，还包括有利的付款条件以及交易上的保护，如目标企业如果提供虚假陈述、不实财务资料或者不揭露负债时的损害赔偿；另一方面，目标企业除了尽可能争取最高的价格外，还包括最低所得税负的交易方式以及避免承诺不欲履行等不利于目标企业的交易条件。

这些问题可能不是企业并购谈判的核心议题，但是如果并购条件的谈判不顺利也会对整个谈判产生重要影响，也许谈判双方就并购价格达成了一致意见，但是很可能因为并购条件等小议题无法达成一致而最终导致整个并购活动流产，所以收购方对于并购条件的谈判也不能掉以轻心。

2. 战略联盟框架下的前提条件

并购包括了兼并和合作，而合作框架下的战略联盟是竞合环境下比较成功的模式，而且由于各种并购模式的不同，其前提条件具有较大区别。在此，针对本书的需要，主要论述战略联盟这种并购模式的前提条件。"战略联盟"一般是指两个或更多的跨国公司，出于对全球市场发展的预期和实现各自公司的经营目标的考虑，为达到共担风险、共创市场、共享利益等战略目标，通过契约而结成的优势相长，资源要素双向或多向流动，在某些利益共同点的基础上建立的一种合作形式，以创作组合全球竞争优势。一个成功的战略联盟应具备以下前提条件：

（1）"双赢"的经营成果，使各个成员在互利基础上达到各自的经营目标。其基本原则是：双方愿意拿出来用于共享的知识一般都是各自的非核心技术，即甲方的非核心技术正好是乙方所需要的，乙方的非核心技术正好是甲方所需要的，否则合作很难成功；双方共享的技术或产品在各自优势的市场区域不存在大的竞争；合作双方的实力、规模不能存在特大差异。很难想象一家不知名的软件公司会和微软有实质性的合作；合作双方的主导产品最好分属于不同的领域。

（2）多个企业应针对不同的联盟建立相应的合作部门，并采用创新的组织结构适应全球资源管理，避免利益冲突。

（3）成员间分享共同的价值观，在平等的基础上协商解决问题。

（4）建立不同的决策体系，有预见性的划分行使权力的界限以推动成员的共同关系。

随着当代经济全球化的不断深入，战略联盟的形成也在深化和发展，越来越

---

① 《企业并购中如何谈判并购条件》的相关内容，中顾法律网（http：//news. 9ask. cn/gsbg/gssg/sgcx/201110/1548405. shtml）。

多的跨国公司将它们之间伙伴关系发展成"超级联盟"。它们之间合作所拥有的优势，超越了单个国家对垄断的限制，并享受在主要市场上"本地"公司的政策优势，这一切同时又不断加强和扩大了其垄断优势。

（四）并购博弈

并购对企业持续发展的影响是多方面的，既有机遇又有挑战。因此应审时度势地通过企业并购或者合作达到做大做强的目的，从而实现企业的可持续发展，实现新形势下整合社会各种资源的多赢选择，这种长期的、动态的多赢均衡是多元化竞争与合作博弈的必然选择，也是产权主体并购博弈下均衡持续发展的必然结果。产权主体在并购过程中，各行为主体会在各自的效用目标前提下展开博弈，对此博弈过程进行分析，必须建立在一定的假设基础上。

1. 参与人的假定

假定只有两个参与者，企业 1 和企业 2。双方都是在共同知识主导下的完全信息，双方彼此都非常了解、信息是完全的。企业 1 只有两种纯策略，即合作式投资与非合作式投资。合作式投资是基于企业 1 对企业 2 的充分了解后，在充分考虑企业 2 的利益后采取的投资方式，其行为倾向是合作的。而非合作式投资则是企业 1 只是从自身效用目标出发，对企业 2 的利益和优势不加考虑，仅从自身利益角度出发所采取的投资方式。

2. 企业 2 的策略选择

假定企业 2 只能在两种策略中选择，即积极的应对策略与消极的应对策略。所谓积极的投资策略是企业 2 在评估了企业 1 的各种策略前提下，积极应对企业 1 对本企业并购的所有策略的总和，如通过并购，可以提高自主创新能力，系统化的先进管理经验；消极的投资策略则是企业 2 面对企业 1 的并购，只是被动的接受，没有积极性去提升企业的持续发展能力和未来企业的竞争力。

3. 盈利的假定

假定企业 1 对企业 2 的并购对彼此是双赢的，都能够实现盈利。

由此，在不同的策略组合下，假定建立如表 9－1 所示的盈利矩阵。

表 9－1　企业 1 与企业 2 的博弈

企业2 企业1	积极的应对策略	消极的应对策略
合作式投资	(a_1, b_1)	(a_2, b_2)
非合作式投资	(a_3, b_3)	(a_4, b_4)

假定企业 1 与企业 2 之间是一种"一次性"的博弈关系，那么可以假定 $a_3 > a_1 > a_4 > a_2$ 且 $b_2 > b_1 > b_4 > b_3$，通过累次严优的方法可以得出博弈的唯一纳什均衡解为非合作投资 + 消极的应对策略。

但是，如果企业 1 与企业 2 之间进行的是"重复性"博弈，那么更加合乎逻辑的假定是 $a_1 > a_3 > a_4 > a_2$ 且 $b_1 > b_2 > b_4 > b_3$，这时博弈有两个纳什均衡解，分别是非合作投资 + 消极的应对策略与合作式投资 + 积极的应对策率，又由于 $a_1 > a_4$，$b_1 > b_4$，得到合作式投资 + 积极的应对策略是博弈的帕累托均衡解。

从企业 1 看，它要进行对外扩张，实现企业做大做强的目的，就需要积极的开拓新的战略市场，充分发挥蓝海战略的优势，选择好战略经营领域，构建具有自主创新优势的研发平台，这些战略的实现不可能在短期内实现，可能需要一个长期的实施过程，为此，企业 1 与企业 2 的并购博弈将会是一个长期的重复博弈的过程。对于企业 1 来讲，在重复博弈下会选择合作式投资策略。而对于企业 2 来讲，与企业 1 的合作，目的是能够实现企业的可持续发展，从而通过寻求新的价值增长点和利益诉求点，以实现企业产业结构转型和升级，从而实现企业技术的提升和竞争力的增强，这是一个长期的过程，也是一个长期战略问题，因此，对于企业 2 来讲，还是一个重复博弈问题。既然双方都有意将博弈重复进行下去，那么为了实现各自利益的最大化，获得双赢，可以得到理性的双方将按照合作式投资 + 积极的应对策略的帕累托均衡方式博弈下去。"合作的态度"对于双方来说是最优的策略选择。

三、案例介绍

（一）公司介绍

1. 昌大瑞丰

江西昌大瑞丰科技发展有限公司（以下简科昌大瑞丰）是由南昌大学和江西省核工业地质局所属二六一大队、二六三大队、海盐核工业核地服务中心、江西新瑞实业有限公司发起创立的多元化投资企业，注册资金 5000 万元。在各投资方中，二六一大队占总投资的 39%、二六三大队占总投资的 34%、南昌大学占总投资的 20%、海盐核工业核地服务中心占 2%、江西新瑞实业有限公司占 5%。

昌大瑞丰业务主要是对外投资和工业园区开发。对外投资项目有：与新加坡新达公司共同投资6800万元组建了江西新丰生化有限公司，昌大瑞丰占15%的股权，公司主要生产赤霉素；与一家民营企业共同投资1080万元组建了昌大瑞丰房地产公司，昌大瑞丰占20%的股权，该公司在井冈山已购地120亩；与南昌大学和美国纳米涂料集团公司共同投资2000万元组建了江西昌瑞纳米涂料公司，昌大瑞丰与南昌大学两者出资额占总投资的49%。

昌大瑞丰在昌东国家新技术产业开发区正在建设昌大瑞丰科技工业园。园区位于南昌国家高新技术产业开发区的昌东大道与城东一路的交会处，占地478亩，已建好一栋单体3.2万平方米的现代化综合办公楼，出租厂房7000平方米。工业园内昌大瑞丰物流中心（以下简称物流中心）占地面积150亩。中心距南昌火车站10公里，距赣江水运港口10公里，距昌北国际机场25公里，东连京福高速，交通便利，是从事现代物流的理想地段。计划建设3万平方米仓库，1万平方米停车场，预计基建投资2200万元。主要从事货物仓储、运输、装卸、分拨、配送、普通货物的分包与包装、货运代理、代理报关和信息系统等。

2. 长运股份

江西长运股份有限公司（以下简称长运股份）是1992年10月29日经江西省股份制改革联审小组赣股〔1992〕03号文批准，由江西长途汽车运输公司和中国银行江西信托咨询公司作为发起人，于1993年4月3日以定向募集方式设立的股份有限公司。注册资本为6286.2万元。公司是以公路客运为主业的股份制企业，主要从事公路客运、客运线路建设以及维护运营、旅游服务、汽车租赁、物业管理、物流等业务。

江西长运物流有限公司是江西长运股份有限公司下属的专业物流企业。是交通部评定的国家二级货物运输企业。2002年公司获得ISO9001：2000质量管理体系认证。公司地处南昌市京山北路32号，位于城南地区，井冈山大道南段，紧贴环城干道出口，北临南昌大桥，是320国道和105国道的交会处，交通极为便利。公司占地面积130余亩，投入使用仓库面积1.8万平方米，堆场占地2万多平方米，停车场占地2万多平方米。拥有一个国家一级货运站，两个集装箱集散站（占地60亩）和一个货物运输大市场以及两家子公司，分别是南昌大件公司和江西联运公司。主要从事通往全国各地的整车运输、大件货物运输、短途配送、公路货运代理、仓储、装卸、国际货代、停车住宿以及通往全国各铁路车站集装箱、整车货物的到达和发送业务。

（二）新公司组建方案

1. 合作的背景

随着我国经济的整体高速发展及政策、技术等外部条件的改善，国内的物流市场需求旺盛，业务蓬勃发展，投资活动活跃，整个产业也得到了长足的发展。自 2004 年 12 月 11 日以后，涉及物流的大部分领域已经全面放开，中国物流企业也在开放的市场中面临着更加激烈的竞争，在高速发展的同时，暴露出越来越多的问题。如缺少真正有影响力的旗舰型优秀物流企业，占行业多数的中小型企业的综合素质低下制约了行业整体水平的提高，甚至有滞后于国民经济发展整体水平的迹象。切实提高江西物流企业（都是中小型企业）的信息化管理水平、服务水平及竞争能力，从而提升整体水平，已经成为当前江西物流行业所面临的当务之急。

面对当前中国物流行业所面临的机遇和挑战，国家有关部门明确表示支持国内物流企业做强做大。江西省和南昌市政府对本地物流业的发展也制定了具体的优惠政策（详见洪府厅发〔2005〕127 号文），鼓励物流企业向规模化、综合经营的方向发展。在此契机下，江西长运物流有限公司和江西昌大瑞丰物流强强联手，共同组建一家大型物流公司，整合双方资源，实现规模经营、共同发展的目标，着力拓展综合物流服务领域，满足国内和国际物流需求。

2. 新公司股权设置

新公司由长运股份与昌大瑞丰两家公司投资组建。长运股份先期购买昌大瑞丰 1000 万元的资产，然后追加现金入股。新公司总投资额 5510 万元，其中固定资产 3700 万元，流动资产 1810 万元。长运股份共投资 2810 万元，其中固定资产投资 1000 万元，现金 1810 万元，占新公司投资总额的 51%；昌大瑞丰以固定资产共 2700 万元入股，占投资总额的 49%。主营业务范围为仓储、运输、装卸、配送及相关的物流服务业务。

3. 新公司效益分析

新公司占地 150 亩，已开发 100 亩，拥有 3 万平方米仓储面积，1 万平方米的停车场。同时在余下 50 亩土地上投资建设 1.5 万平方米仓库，使仓库总面积达到 4.5 万平方米，同时还要购买设备。共需投资 1507 万元，其中：1.5 万平方米仓库基础建设，按 800 元/平方米计算，需投资 1200 万元；土地硬化按 80 元/平方米计算，需投资 147 万元；设备购置：叉车 8 辆，约需 160 万元。新公司建设仓库、购买设备等投资共需资金 1507 万元，主要来源于两方面：一是由新公司直接投资 907 万元；二是向银行贷款 600 万元。

（1）新公司年度营业收入。

表 9 - 2 新公司收入预测

单位：万元

年度	仓储收入	运输收入	装卸收入	合计
第一年	432	850	189	1471
第二年	459	850	189	1498
第三年	486	850	189	1525

注：①仓库收入第一年按每月 8 元/平方米计算，则 4.5 万平方米×8 元/平方米×12 个月＝432 万元；第二年按每月 8.5 元/平方米计算，则收入为 459 万元；第三年按每月 9 元/平方米计算，则收入为 486 万元。

②装卸收入按每年 42 万元/万平方米计算，则 4.5 万平方米×42 万元/万平方米＝189 万元。

③运输收入（按家电类计算）：仓库有效面积：4.5 万平方米×80%＝3.6 万平方米；仓库货物每年周转 9 次计算；平均每车货物按 60 立方米计算（9.6 米厢长的货车），仓库平均堆高 3.5 米，平均一车货仓库的占地面积约 17 平方米；从仓库发出的货物其中 1/3 属于市内短途配送，2/3 的货运是省内运输，新公司只承担省内的货物运输，省内货运平均按 1000 元/车运费计算；由于家电企业一般要求由两家以上运输单位提供运输服务。预计新公司承揽的省内运输的运量能占到省内运输总运量的 2/3。

④运输收入：3.6 万平方米÷17 平方米/车×9 次×2/3×2/3×1000 元/车≈850 万元

（2）营业税。

表 9 - 3 新公司营业税预测

项目	计税金额（万元）	税率（%）	第一年（万元）	第二年（万元）	第三年（万元）
第一年仓储收入	432	5.5	23.76	—	—
第二年仓储收入	459	5.5	—	25.24	—
第三年仓储收入	486	5.5	—	—	26.73
配送收入	850	3.3	28.05	28.05	28.05
装卸收入	189	3.3	6.24	6.24	6.24
合计	—	—	58.05	59.53	61.02

注：公司税收享受二免三减半的优惠政策。

（3）经营成本。

表9-4　新公司生产成本预测

项目	年标准（万元）	数量	小计（万元）
人员工资	2.0	35 人	70.0
水电费	24.0	—	24.0
配载支出	—	—	722.5
装卸人员费用	—	—	95.0
铲车油耗	0.8	8 辆	6.4
铲车维护	0.4	8 辆	3.2
其他费用	12.0	—	12.0
合计	—	—	933.1

注：配载支出占运输收入的85%，为722.5万元。

表9-5　新公司折旧预测

单位：万元

项目	投资额	折旧年限	折旧额
土地	1500	50	30
仓库、土地硬化	3547	40	89
设备	160	10	16
合计	—	—	135

（4）管理费用和财务费用。管理费用共93万元，其中工资43万元（机关人员平均3万元/人·年，保安1.2万元/人·年）；其他费用50万元（办公费用、差旅费、营销费用等）；财务费用主要是贷款600万元，3年还贷，利率按6%计算，第1年利息36万元，第2年利息24万元，第3年利息12万元。

（5）效益评估。根据以上对营业收入和成本的预测，经营年度的投资效益进行评估如下：

表9-6　新公司经济效益预测

项目	第一年效益预算	第二年效益预算	第三年效益预算
总投资（万元）	5510	5510	5510
经营收入（万元）	1471	1498	1525
营业税（万元）	58	60	61
房产税（万元）	27	27	27
土地使用税（万元）	10	10	10

项目	第一年效益预算	第二年效益预算	第三年效益预算
经营成本（万元）	1068	1068	1068
管理费用（万元）	93	93	93
财务费用（万元）	36	24	12
利润总额（万元）	179	216	545
所得税（万元）	59	71	84
净利润（万元）	120	145	170
资产回报率（%）	2.2	2.6	3.1

注：①昌大物流中心固定资产投资 2200 万元，其中房产 1960 万元，土地硬化 240 万元；新公司投资兴建 1.5 万平方米仓库，其中房产投资 1200 万元，因此新公司共有房产 3160 万元。则应交房产税 3160 万元 ×70% ×1.2% =26.544 万元。

②土地使用税按 1 元/平方米计收，则 150 亩 ×666.67 平方米/亩 ×1 元/平方米 ≈10 万元。

（三）谈判结果

昌大瑞丰召开股东大会，讨论与长运股份的合作协议，大部分股东对长运股份提供的合作方案提出了质疑，集中体现在以下三点：一是土地置换 1000 万元，对于当前地价来讲是贱卖行为；二是土地还有继续升值的可能性，在未来能够获得更多的土地转让收入；三是长运股份所提供方案中的资产回报率太低，未来收益太少。

通过几次争论，最后昌大瑞丰放弃了与长运股份的合作。长运股份与昌大瑞丰在进行了几次"亲密接触"以后，最终以"有缘无分"而告终。

四、案例分析与启示

合并是并购的一种形式，并购是当前企业做强、做大，实现规模化经营、增强竞争能力的手段。物流业已成为 21 世纪重要的产业之一，做强做大物流产业，使物流、资金流、信息流能够有效畅通，是物流业向现代产业过渡的客观要求。为此，物流企业就应该强强联手，跨区域组成战略联盟，实现物流资源的优化配置。企业合作前提条件是求同存异、优势互补、合作双赢。从这几方面看，昌大瑞丰和长运股份的合作基础是比较好的，主要体现在：一是物流行业是 21 世纪的新型行业，江西至今还没有一个大型的高质量物流平台，这给双方合作提供了环境契机和合作双赢的机会；二是两公司虽然都有自己的主营业务，但各自对物流行业的钟情给了两个公司合作的可能性；三是昌大瑞丰拥有土地资源，长运具有物流网络资源，合作可以使两个公司的资源得到优势互补、充分使用。因此，从理论上讲两个公司合作是可行的。

事情往往不是我们所能够预测的，昌大瑞丰和长运股份终究是"有缘无分"，其原因主要体现在昌大瑞丰反对合作的理由中。这些理由如果从财务角度加以深入分析，可以看出有许多的漏洞。为此，根据财务管理相关理论可以提出以下反驳理由。一是通过土地置换可以套取长运股份现金 1000 万元，有利于缓解其资金压力；二是通过参股经营，有利于降低经营风险和充分利用长运股份的存量资源（主要是物流网络）；三是土地升值以后又享有 49% 的收益，会比单纯因出售土地缴纳土地增值税带来更多的收益；四是资产报酬率过低，可以通过与长运股份谈判设置优先股，并约定相应权益。

一个成功的合作、并购都需要具备一定的条件，但不是具备了条件就一定能成功，昌大瑞丰和长运股份就是一个例子。昌大瑞丰与长运股份的合作可以看成是一个博弈的过程，遗憾的是博弈刚刚开始，就结束了。两个企业如果要成功合作完全可以把这一博弈过程持续进行，为此笔者提出了一套让企业成功合作的设想：①长运股份提供的合作报告太草率，存在太多的纰漏和模糊因素，应该提出一套真正符合江西客观事实的，并经过实际调研的合作可行性报告；②两方可以在求同存异、优势互补和合作双赢的基础上，充分交换意见，使论证更加符合双方的利益，而不是像案例中那样潦草收场；③一个成功的合作更多地体现在合作的过程中，涉及更多运作模式选择问题，包括人员组织、财务控制、资源整合等。

第十章　产权主体与剩余权分配：基于爱多和小霸王的共性问题的案例研究

公司规模不断扩大，其面临的竞争环境也越来越复杂。现代企业的竞争，归根结底是人才的竞争，有了高素质、高水平的科技人才和管理人才，企业才能在激烈的市场竞争中占有一席之地。如何引进和留住高素质人才，关系到企业的生死存亡；科学合理的内部分配机制能够吸引和留住人才，陈腐落后的内部分配制度留不住人才，更谈不上吸引人才。本章正是在这样的背景下，探讨产权主体博弈下的人才激励制度问题，而人才激励的本质问题是利益分配机制问题，即剩余权分配问题。通过利用爱多和小霸王的案例，对产权主体与期权期股的相互关系进行了深入研究，并提出了解决企业在动态发展过程中分配制度问题的相关策略。

一、引言

剩余权分配包括剩余控制权和剩余索取权两方面，剩余权分配一直是相关专家学者研究的热点问题，现代企业理论经过数十年的发展，在科斯、克莱因、阿尔钦、德姆塞茨、张五常、威廉姆森、法马、詹森、麦克林、米尔格罗姆、哈特等众多知名经济学家的共同努力下，已经取得了丰富的研究成果。我国学者刘大可（2002）在此基础上从动态角度出发进行研究，认为现代企业理论将企业视为一个人力资本与非人力资本的特别合约。参与签约的要素所有者在法律上具有完全平等的签约地位，但现实中法律对财产所有权的保护以及人力资本与非人力资本产权特征的差异，使不同要素所有者在实际缔约过程中并不处于同等地位，非人力资本所有者不仅在企业缔约初期处于主导地位，拥有企业的初始剩余控制权与剩余收益分配权，而且这种初始状态决定了企业运行过程中剩余权力在不同要素所有者之间的调整，仍然要受到非人力资本所有者效用函数的约束，企业剩余权力的最终分享状态在非人力资本所有者效用最大化的时点上达到极限。随着动态思想的引入，为剩余权的配置提出了更加宽阔的研究空间。正如曾楚宏、林丹明（2003）通过对资本密集型企业和知识密集型企业成长过程中的剩余权配置进行分析比较后，认为最有效率的剩余权配置方式是随着其成长而动态变化的，在不同的成长阶段对应着不同的最优剩余权配置方式；对于不同类型的企业来说，即使它们处在相同的成长阶段，其最优剩余权配置方式也有差异。基于企业类型的多元化，袁建昌（2005）研究了知识型企业人力资本分享企业剩余权提供了理论依据和实现途径，并认为知识型企业人力资本在剩余权分享中应处于主导地位。同时，袁建昌（2006）认为，企业中的各种人力资本都有权参与剩余索取权和剩余控制权的分享，依据是他们各自在企业生命周期过程中的重要性和稀缺性。企业生命周期不同阶段剩余权配置的重点应该和该阶段核心人力资本的作用相匹配，不同类型人力资本分享的企业剩余权应该不同，同一人力资本在不同阶段分享的企业剩余权也应该不同。这一观点与曾楚宏、林丹明（2003）不谋而合，也把其观点更加具体化了。陈宏辉（2006）认为，20世纪90年代以后发展起来的利益相关者理论对两权分布方式的解释更贴近企业的现实，正日益受到经济学界的关注。

对于产权主体下的治理方式，首先要对剩余权重新进行解释，正如张东明（2011）所认为的，要正确理解企业与企业合约剩余有关的剩余权，必须对补偿性成本与"可更改"有充分的认识。朱卫东、杨春清（2012）认为，企业应该建立学习进化模型，企业治理模式、组织结构等的选择是企业进化的结果，企业应该实时搜索企业生态环境中影响企业发展的关键要素，并根据关键要素的改变对企业的治理模式以及组织结构等进行修正。实证分析证实，企业学习进化模型是分析利益相关者合作分享企业剩余权的一个合理逻辑，它避免了正统企业理论分析的局限性，也为企业修正治理模式等提供了理论依据和工作方向。卢璐（2005）认为，让经理人掌握一部分剩余控制权有利于企业的经营，但是容易导致"内部人控制"，损害股东的利益，这可以通过对经理人采取股票期权制度和完善经理人的外部控制机制等方式来解决。另外，还可以使人力资本股本化，对其进行精确定价，作为物质资本参与企业的投资，从而使经理人员的目标与企业长期发展的目标相统一。而袁建昌（2005）认为，通过人力资本股份化和相应的制度安排实现剩余索取权，构建新型的共同治理模式和剩余控制权分享制度，可以实现剩余控制权。

二、产权主体影响下的剩余权分配

剩余权分配在现代企业产权主体影响下，形成独有的特色，就是随着企业的发展，产权主体在既定的效用目标下展开长期的动态博弈，而且各产权主体在谈判力量的此消彼长中形成暂时的均衡，并在路径依赖的基础上不断进化和延伸。

（一）产权主体对剩余权分配的偏好

剩余权的分配从来都不是稳定不变的，它从一开始提出就带有了利益相关者的特性，即产权主体对其产生巨大的影响，并成为一个动态博弈的过程。各产权主体在剩余权分配过程中，从自己的效用目标出发，对剩余权的分配提出最合适的诉求。在此主要以财务资本所有者和人力资本所有者为主要的产权主体分类，展开分析。

1. 财务资本所有者

财务资本所有者主要是通过所掌握的物质资本，投入企业而成为企业主要的产权主体之一。从投入资本的那一刻起，财务资本所有者的效用目标就是实现财务资本的保值增值，并获得相应的红利。在此目标的指导下，财务资本所有者对剩余权的控制力度是非常大的，也是非常强烈的，财务资本所有者天生就是剩余控制权和剩余索取权的最大偏好者。成为企业剩余的主宰者是财务资本所有者的本性，并在企业经营实践中屡见不鲜。事与愿违，由于委托代理的存在，对剩余的所有掌握成为了不可能，权力的分配使财务资本所有者不能顾此失彼，只能在有限领域牢牢把握住剩余索取权。

2. 人力资本所有者

人力资本所有者成为企业产权主体，是时代对人力资本的一种肯定，是对知识资本的一种尊重。人力资本所有者利用自身的能力资本和知识资本成为了企业契约的重要主体之一，对现代企业来讲，起着举足轻重的作用。人力资本所有者进入企业伊始，就成为委托代理中的受托者，其效用目标在人性的角度体现出了复杂性和多面性，由此衍生出的对精神和物质需要的效用目标使人力资本所有者的剩余权要求变得更加复杂。对于企业剩余的实际产生和控制者，确实有着信息上的完全性，从而在信息充分前提下成为了企业内部人，所以在拥有了剩余控制权的前提下，也不断觊觎剩余索取权的分配。有时，剩余控制权的掌握可能也意味着剩余索取权的取得，人力资本所有者在这样的效用目标下应该更加倾向于剩余控制权的取得。

（二）产权主体对剩余权分配的博弈

在产权主体对剩余权分配的偏好分析中，可以看到此一时彼一时的现象存在其中，产权主体间的博弈其实在导演着各自偏好的力度，偏好的总体方向不变，但其谈判势能的差异影响着其权力的大小。

现代企业的本质决定了其是一个契约订立的过程，都是各产权主体在博弈基础上所达成的。在初始契约订立过程中，财务资本所有者拥有谈判的绝对优势，既是财务资本所有者，又是人力资本所有者，成为复合式资本所有者——既是股东又是管理者。而企业员工虽然也是人力资本所有者，但是其只是纯粹的人力资本所有者。在这样的背景下，复合式资本所有者对剩余权的配置拥有绝对权力，在谈判过程中具有绝对的优势，此时的剩余权博弈属于零和博弈，即复合式资本所有者不仅拥有剩余控制权，也取得了剩余索取权。而企业员工只能在谈判的劣势情况下按照复合式资本所有者的分配意志来进行剩余分配。

随着企业的成长和发展，企业只要是持续经营的，其发展壮大是必然的，复合式资本所有者出现分化，委托代理情形逐渐产生，财务资本所有者独立出来，成为纯粹的投资者——股东，而管理者成为企业发展历程中的普遍现象，职业经理人成为了企业剩余的主要控制者。职业经理人成为企业重要的利益主体，在谈判过程中崭露头角，并逐渐成为谈判优势主体之一，对剩余权力的诉求逐渐增强，博弈的结果只能是财务资本所有者让渡一部分剩余控制权，或者剩余控制权全部无奈的放弃。企业管理者成为剩余控制权的真正掌握者，如此，企业剩余可能在企业管理者效用目标的指导下进行分配，从而按照自身的效用目标进行剩余分配。

财务资本所有者与人力资本所有者的博弈是一个动态持续的过程，贯穿企业持续经营的整个过程中。但是企业要想做强做大，实现可持续发展，必须形成有效而合理的制度均衡点，从而保证企业产权主体能够在妥协的基础上保持和谐。

（三）剩余权合理分配的制度均衡点

产权主体博弈下的剩余权合理分配的制度均衡点在哪里，如何使企业在持续发展的历程中能够保持持续的发展优势，预先设置好相应的制度均衡点是非常重要的。企业总是处于持续经营过程中，产权主体的逻辑性博弈是不变的，这一过程是一个动态、重复的博弈过程，合理的剩余权安排有利于产权主体保持和谐状态。

从财务资本所有者和人力资本所有者博弈过程分析，财务资本所有者不断让渡剩余控制权是企业发展的趋势，这是不可阻挡的。为此，财务资本所有者一方面要牢牢把握企业剩余分配的最后决定权——无论是剩余控制权还是剩余索取权。当然剩余控制权在客观上已经成为了人力资本所有者委托代理下的内部人控制之物，这是无法改变的事实。因此，在财务资本所有者的剩余控制权不断被稀释，而剩余索取权又必须得到有力保障的前提下，如何平衡好这一关系正是制度均衡点之所在，那就是在初始缔结契约时就为企业预留好制度空间，通过增资扩股机制达到股权的灵活处置，从而可以对职业经理人采取股票期权和股份期股的机理方式，达到人力资本的资本化、价格化，从而作为物质资本投入企业，使人力资本所有者也拥有了剩余索取权，与剩余控制权相匹配，实现管理者效用目标与企业战略目标的一致性。

让渡一部分剩余控制权和剩余索取权，实现产权主体间的和谐，在企业发展过程是可行的。股东通过让渡剩余分配权力，虽然需要承担一定的激励成本，但是其收益是能够实现企业的持续发展，做强做大。让渡权力的大小应该是基于股东承受的边际成本与获得的边际收益的关系来决定的，当两者相等时实现企业剩余权分配的暂时均衡，随着企业的发展，这种均衡还会被打破从而在博弈的基础上形成新的均衡，而实现这些均衡的关键点是能够用增资扩股的方式达到剩余权限的重新分配。这种安排的结果实质上是财产所有权在企业领域的一种逻辑延伸，因此从这个意义上讲，财务资本所有者拥有的是剩余控制权的分配权。当然，随着公司规模的扩大，股东数目逐渐增多，股权日益分散化，所有者无法有效控制企业，也只能被迫把部分权力让渡给管理者，虽然让管理者掌握一部分剩余控制权有利于企业的经营，但是容易导致"内部人"控制，损害股东的利益。这种情况就只能通过约束机制来加以制衡了，因为管理者总是会存在这些缺陷的，这是委托代理的成本，通过构建好企业财务治理机制是可以实现有效制衡目标的。

三、案例介绍

在此主要收集和整理爱多和小霸王当时的案例[①]，这两个案例具有共同之处，其存在问题也具有一定的特点。

（一）爱多危机

1. 股权的设置

胡志标主要是通过仿照小霸王做学习机起家，这源于自己对"数学压缩芯

---

① 吴晓波. 大败局 [M]. 杭州：浙江人民出版社，2001.

片"技术的了解，通过这一了解，开始了做放影碟的机器。胡志标的命运从此发生了转变。1995 年 7 月 20 日，胡志标 26 岁生日那天，广东爱多电器有限公司正式成立。公司有 3 个股东，胡志标和他儿时的玩伴陈天南各占 45% 的股份，另外10% 的股份由中山市升镇益隆村以土地入股获得。据说胡志标和陈天南当时各入股公司的本金只有 2000 元。

2. 爱多的兴起

胡志标是一个经营的天才，而他主打市场的手段便是广告。他的所有智慧和创业好像也都体现在广告上。胡志标将公司的钱，除了留下买原材料的外，其余全部投入到广告中。这使爱多的名声在全国迅速打响。1996 年 11 月，爱多以 8200 万元人民币获得了中央电视台广告招标电子类的第一名，而据说当时爱多全部的资产也只有 6000 多万元。过了一年，1997 年 11 月，爱多又以2.1 亿元的出价获得了中央电视台第四届广告招标的"标王"，一时轰动全国。那是爱多最好的时候，也是胡志标最辉煌的时候。爱多日进斗金，胡志标喜不自胜。

3. 爱多的债务危机

从 1998 年下半年开始，由于征讨新科和主盟 SVCD 与 CVD 之争，爱多的流动资金出现困难，在旺季到来之际，竟无钱购买原材料，胡志标向各地经销大户紧急调保证金，得到 8000 万元，他把这笔巨资拿去还前债。但数百家经销商和原材料供应商却已齐聚中山上门讨债。为解燃眉之急，胡志标开始与中山当地的一家企业集团频繁接触，据称最后达成协议，该集团出资 500 万元租用爱多品牌10 年，同时以资金、技术和管理要素注入爱多公司。

4. 爱多的股东决裂

爱多与中山当地企业的秘密协议最终激化了胡志标与陈天南的矛盾。随着爱多事业蒸蒸日上，两位大股东之间的隔阂便日渐生成，胡志标认为陈天南从来不过问公司的事，却以 2000 元的出资，每年坐收其利，获得爱多 45% 的红利。先是由内当家林莹全面掌管爱多资金进出，对陈天南进行消息封锁；然后在视频设备、音响等多个子公司的股权设置上完全撇开陈天南，对外宣称搞"产权改革"，甚至在爱多与别的企业洽谈品牌出租这样的关乎企业命运的大事上，胡志标也与陈天南毫无商量，以致后者一得知这一惊人消息，便立即做出了最强烈的反应。在"律师声明"中，陈天南声称爱多新办的所有子公司均未经董事会授权和批准，其所有经营行为和债务债权均与广东爱多电器有限公司无关。

中山中级人民法院依法受理东莞宏强电子公司等申请债务人广东爱多破产还债一案，广东爱多进入破产程序。

（二）小霸王痛失段永平

1. 小霸王的兴起

1989 年 3 月，浙江大学无线电系毕业的段永平来到中山市怡华集团属下的日华电子厂，担任厂长。当时该厂是一个亏损额为 200 万元左右的小企业。1992 年，段永平瞄准了国内市场的空白，致力于开发学习机，企业更名为中山市小霸王电子工业有限公司。小霸王学习机投放市场之后，以一系列创意十足的营销策略和广告攻势，横扫杂牌军，迅速成为学习机行业的霸主，市场份额最高时占到全国的 80%。同一时期，段永平被评为"广东省十大杰出青年企业家"和"全国优秀青年企业家"。有关机构对小霸王品牌的评估价值为 5 亿元。

2. 段永平团队的出走

1995 年 9 月，段永平突然提出辞职。他对辞职的解释是："发展受限制，观点有分歧。"而据观察，段永平渴望做一个真正的企业家，想做中国的李嘉诚，想把企业办成中国的松下，但是在小霸王里不可能。凌驾于企业之上的怡华集团一方面把小霸王的盈利不断抽走，使其发展后劲不足；另一方面，段永平提出的对小霸王进行股份制改造的建议被多次否决。段永平去了与中山一江之隔的东莞长安镇，成立了步步高电子有限公司。他离开小霸王时带走了所有中层，并让他们在新企业担任相应的职位。小霸王因而元气大伤。失去段永平后的小霸王迅速跌入黑暗的深渊。首先是大批骨干员工随段永平一起出走，继而到 1997 年，小霸王的 24 位经销商又集体投奔步步高。仅仅两年多，小霸王便已黯然退出家电第一梯队的竞争行列。

3. 步步高成功的关键

步步高实行的是股份制，据说股东有上百人。步步高生产与小霸王相似的产品：学习机、电话机、游戏机等，并且利用对小霸王产品的了解，有针对性地开发新产品。1998 年，步步高投入 1.59 亿元成为中央电视台实际上的标王。

做市场是段永平的核心能力。段永平自称"敢为人后"，他并不是以开发新产品然后再努力创造市场、进行推广为企业策略，而是在市场上发现需求再上马并不是技术领先的产品。如学习机市场的做大就是段永平创造。段永平认为："我们有自己的定位，就是实用，老百姓用得起。高档没有任何意义。"

四、案例分析与启示

无论是爱多还是小霸王，从财务角度看都存在一个共性的股权问题，就是股权结构合法但不合理。股权结构很容易使管理者产生"道德风险"和"逆向选择"。我国《公司法》规定股东在公司章程没有特别规定的情况下在享有公司权益上是同股同权、同股同利、风险共担、利益共享，如此看，胡志标和陈天南在法律上是平等的，同时陈天南以股权的45%享有公司剩余索取权是合法的。然而从情理上讲这又是不合理的，胡志标从公司成立到公司的发展壮大，倾注了自己所有的心血，只享有公司45%的剩余索取权，而陈天南并没有参与公司经营和管理也一直享有公司45%的剩余索取权；同理，段永平带领自己的精英管理团队为公司创造了一个又一个辉煌，积累了大量的财富，但财富不属于他们，合法却不合理的制度最终让他们选择了离开，也难怪段永平会说"发展受限制，观点有分歧"。

对于案例中提到的问题，是由于委托代理的存在，人力资本所有者和财务资本所有者在企业经营过程中由于自身效用目标函数的影响，产生了对剩余权分配的博弈行为，他们博弈的结果如果要双赢就必须妥协，形成合理的机制，否则只能是爱多和小霸王的结果；纵观爱多和小霸王的经营历史，可以发现公司股权结构的设置是不合理的，其经营失败的直接诱因也是公司的股权结构。如何解决这个问题？股权结构的合理安排，公司治理机制的有效建立，让人力资本与财务资本有机融合，妥协双赢，是一个不错的选择。新《公司法》为此已预留了法律空间，公司可以通过增资扩股，用来设立股票期权或者股份期股，这样一方面可以稀释原有股东的股权比例，遏制"食利阶层"。另一方面可以留住公司的"关键人员"，把公司的"蛋糕"总量做大、质量夯实，实现双赢、避免"大败局"。

因此可以做出判断：一是产权主体在企业发展过程中会影响企业剩余权的分配，并且是一个动态博弈的过程；二是保证产权主体的均衡制度是增资扩股后的灵活股权安排，有利于形成剩余控制权和剩余索取权在产权主体间的合理匹配；三是对于人力资本所有者，除了股权激励，一定要配以相应的约束机制，使人力资本所有者尽可能与企业目标保持一致。

第十一章　产权主体与内部控制制度：基于 QHTH 集团内部控制失效的案例研究

内部控制制度的发展经历一个曲折的发展历程，形成了一定的理论体系。本章[①]通过借鉴制度经济学、系统论等相关理论，打破传统的观念，对现代企业内部控制制度的本质、理论根源等问题进行了深入的分析，并结合企业实际对内部控制的完善提出了一些建议。同时利用典型案例对基于产权主体的内部控制制度问题进行了案例论证。

一、引言

内部控制理论的发展经历了一个曲折的过程，先后经过了内部牵制、内部控制制度、内部控制结构、内部控制整体框架四个阶段，然而最先提出内部控制这一概念是为了使审计人员提高审计效率，明确注册会计师审计时评价内部控制的责任，因此对内部控制的研究不可避免地带有片面性。内部控制不仅从内容侧重点和形式上都打上了审计专业或行业的烙印，被定义在与财务审计密切相关的"保证和防护政策、程序、过程"这样一个狭窄的范围内，而且理论研究也没有触及其本质内容。

现代企业是一个由许多子系统结合在一起的复杂的、耦合运行的人造经济系统。因此，要对其实施控制必须从企业整体的角度来定义和设计。影响现代企业内部控制制度的主体因素可以根据对企业的紧密程度和影响力的大小分为企业内部因素（董事会、投资者、债权人、经营管理层以及企业员工）和外部环境因素（政府、供应商、消费者以及其他的社会公众）。根据控制机理的差异，还可

---

① 本章核心内容形成了论文《内部控制的产权因素分析》发表于《财会研究》2006 年第 3 期。

以把现代企业内部控制进一步分为治理控制、管理控制和会计控制三个层次的子系统。当然这些子系统是建立在一定的本质基础上的，企业是对资源配置的一系列契约关系的结合，是各个主体之间交易产权的一种市场替代方式。同时企业相对于市场而言是一个不完备的契约，当不同类型的财产资本所有者和人力资本所有者组成企业时，每个参与主体的责、权、利并没有明确的说明，也不可能完全明确说明。虽然存在这样的缺陷，但是把交易从市场转移到企业内部可以减少交易成本，所以，企业的存在有其必然性，这种不完备性也就视为减少交易成本收益的一种代价或成本。为了在取得低交易成本收益的同时弥补企业契约的不完备性以及不以损害全社会的利益为代价，就需要在企业内部建立一个控制体系来补偿因企业契约的不完备性带来的损失，以保证企业的全面、协调和可持续发展。为了更清楚地认识内部控制的本质，笔者将对内部控制的理论根源进行追索。

二、产权主体影响下的内部控制制度设计

企业产权发轫于企业资源配置产生的外部性，为了尽可能的降低负外部性带来的损失，企业就要合理地界定各相关利益主体的行为准则——产权。而产权界定又给了内部控制存在的理由，内部控制是产权维护的工具。当然内部控制的完善程度又受制于产权交易费用的高低。因此可以认为，现代企业内部控制的理论根源可以用这样的逻辑来体现：外部性—产权—内部控制交易费用。

（一）外部性的存在

外部性是一种经济力量对于另一种经济力量的"非市场性"的附带影响，是经济力量相互作用的结果。外部性可以根据对其他人或主体的影响划分为正外部性（外部经济）和负外部性（外部不经济）。外部性来源于私人成本和社会成本的差异，尽管并不排除正外部性的存在（亚当·斯密的"看不见的手"的机制），但是考虑到人的自利性特点，外部性往往表现为负外部性，但要求必须正视负外部性，把负外部性降到最低。

Jensen 和 Meeking（1976）提出，"企业是一系列契约关系的结合"；科斯认为，企业和市场是相互替代的两种资源配置方式；综合两者的观点，笔者认为，企业是对资源配置的一系列契约关系的结合。由此可以看出，企业是许多利益相关主体在契约基础上结合在一起的，目的是对企业的资源进行优化配置。但是，在资源配置过程中，由于资源的稀缺性、委托代理关系的存在以及利益相关主体

之间效用函数、目标函数的差异，利益相关者的行为就会相互影响，外部性也就应运而生。在现代企业中内部控制外部性主要在投资者与企业管理者之间以及各级管理者之间产生。

（二）产权和内部控制

负外部性的存在，也即是企业在资源配置过程中会有一些利益相关者受益，有一些人受损。而当受损的程度很大时，受损的利益主体就要求使这种损失"共同分享"，以减少自身的损失程度。如此，产权安排应运而生。

产权界定了一个人或他人受益或受损的权利。企业产权是指利益相关者共同接受的在资源配置过程中引起的彼此之间的行为准则。企业产权的界定和安排，低成本的规定了利益相关者彼此发生利益关系，尤其是发生利益冲突时必须遵循的和企业资源有关的行为准则。企业产权的这一安排过程和遵循过程其实就是内部控制的形成和作用过程，内部控制是产权维护的工具，是产权矛盾不可调和的产物。其在现代企业中主要体现在这三个层面：公司治理结构、管理控制、会计控制。

产权安排下的内部控制制度必然会受到相应利益主体效用目标的影响，特别是受到在企业内部起实质控制地位的产权主体效用目标的影响。根据状态依存和路径依赖理论，会产生管理者主导下的内部控制制度和投资者主导下的内部控制制度，无论哪一种情况对企业的发展都有很大的负效应，如此，必须在交易费用合理控制范围内尽可能选择对企业有利的制度安排。

（三）交易费用和内部控制

产权的界定和安排是需要成本的，即交易费用。交易费用是一切不直接发生在物质生产过程中的成本，也就是说，交易费用概念网罗了所有不可能没有产权、没有交易、没有任何一种经济组织的鲁宾逊·克鲁索的经济中的成本。

由于产权有事前的界定过程和事后遵循过程，与此相对应的是制度的形成过程和制度的遵循过程。产权在形成阶段必须付出成本，即产权的事前交易费用，与此相对应的是制度形成费用；另外，产权界定之后，要有一系列的控制制度去保证其权威性，以及发生利益冲突时根据事前的产权界定去解决，如此就要花费大量的产权维护费用，即制度遵循费用。

制度的制定费用和执行费用都会影响内部控制制度执行的有效性，特别是在内部控制制度被内部人操控的情况下更是如此。内部人控制下的内部控制势必变成一张废纸，内部控制的形同虚设只会成为内部人贪赃枉法和狼狈为奸的幌子。因此，尽可能平衡好内部控制成本，在成本费用合理范围内保障内部控制的有效性，充分发挥内部控制制度的正能量，真正实现企业的制度化和法制化。

三、现代企业内部控制的优化策略

由于内部控制深受外部性、产权和交易费用的影响，因此企业在构建内部控制时要充分考虑以下几个因素，以实现内部控制的有效发挥。在这一理论根源的指导下现代企业应从这几个方面去构建和完善内部控制制度。

（一）建立最优化的内部控制框架

由于外部性的存在以及交易费用的影响，根据成本与效益原则，企业在构建内部控制框架时就要考虑内部控制的效益最大化问题，优化企业内部控制目标，减少内部控制系统的内耗，提高内部控制的综合利用效益。如此建立最优化的内部控制框架一方面要优化内部控制目标，控制目标是内部控制框架建立以及监督、考核、评价内部控制的方向性参照物。只有在内部控制目标明确的前提下，内部控制的范围才能界定，从而为内部控制的内容设计和评价体系的构建确定基本依据。另一方面要减少内部控制系统的内耗，降低负外部性和产权交易费用，提高内部控制的综合利用效率。为此，企业在设计内部控制时要充分考虑各种环境因素，减少各内部控制子系统的冲突，提高各子系统之间的关联性和耦合性。同时在内部控制系统运行时要充分调动企业所有人员的积极性和主动性，明确责任、互相配合。只有这样才能降低内部控制的内耗。

（二）创新公司治理结构制度

由于现代企业是由多元化的利益相关主体在契约的基础上结合在一起的组织，如此产权界定就成为企业首要解决的问题。产权的界定产生公司治理结构，而公司治理结构制度又是企业第一层内部控制制度，因此企业要在公司治理结构制度创新的基础上，构建内部控制创新的框架。治理结构是保证内部控制功能发挥的前提和基础，内部控制在治理结构中处于内部管理监控的位置。只有建立起公司各参与者（股东、债权人、经营者和其他利益相关者）之间责、权、利的合理配置和相互制衡的制度安排，才能相应地确定内部控制的措施和程序。内部控制创新有赖于公司治理结构的不断改进和完善，其核心是以建立股东大会、董事会、监事会与经营者之间合理分权和制衡为基础的内部控制制度。在设计和制定公司内部控制时各企业相关利益主体有着不同的功能，股东大会对企业内部控制的目标定位、程序设计与效果评价等基本问题起最终控制作用;董事会在内部控制中居于核心位置,为企业管理层制订游戏规则,以保证内部控制目标的实现;经营者在激励约束机制的框架内直接影响企业的行为,并进而影响内部控制的实际效果。

(三) 创新内部控制的控制平台

任何企业的内部控制制度都要在新的时期和新的环境下赋予新的内容,内部控制的建立还要受到外部控制机制的影响。在知识经济时代和信息化潮流的大背景下以及可持续发展理念的指导下,现代企业应该大力推进企业信息化管理进程,构筑内部控制制度创新的控制平台,以便提高现代企业对外部环境的适应能力。内部控制制度控制平台的创新首先要保证信息传导和反馈的快捷准确,因此应通过信息化手段整合企业资源,建立高效的信息传输和反馈的信息控制平台,以便提高内部控制效率和优化内部控制流程。如此,企业可以引进并实施像 ERP(企业资源计划)一样的企业管理软件,利用这些软件系统进行有效的判断、决策和控制。通过这些创新软件能把企业全部业务涉及的资源整合起来,使企业员工都能明确地知道自己在内部控制中所应承担的职责,并且通过信息和沟通系统,使每一个人都能顺畅、快捷地获取他们在执行、控制经营过程中所需要的信息,并交换这些信息。

总之,现代企业在完善内部控制时,要充分考虑企业内部控制的理论根源,力求从总体上把握内部控制制度创新的方向,这样才有利于建立符合企业总体利益的内部控制制度,有利于企业整体效益的提高。

四、案例介绍

QHTH 集团公司审计部对 A 分公司现任财务主办(万某)与原财务主办(邓某)财务交接过程中暴露出的不明事项进行了全面调查核实,同时根据需要还对 A 分公司自 2007 年 1 月 1 日至 2009 年 8 月底的现金收支业务、银行存款收支业务、采购业务、往来款项业务以及大额费用开支去向进行了核查,发现了以下情况。

(一) 总体情况

截至 2009 年 9 月 13 日,A 分公司账面现金余额 188259.50 元(其中账面

2975853.50 元，外账 –2787594.00 元），与实际现金盘点额核对相符。在 A 分公司原财务主办邓某任期中，经审核发现存在或可能存在以下违规事项：

（1）2009 年 1 月挪用公司应收票据 2628200.00 元。

（2）外账倒现资金 2090027.36 元流入邓某个人银行账户，未登记入公司账簿，也未明确发现该资金用于公司开支，具体如下：

表 11 –1　外账倒现资金未登记入公司账簿明细

序号	倒现付款单位	金额（元）	时间	备注
1	南昌市 RX 金属材料有限公司	380000.00	2007 年 3 月 29 日	40 万元材料发票倒现，扣除手续费 2 万元
2	南昌市 RX 金属材料有限公司	950027.36	2007 年 11 月 19 日	100 万元材料发票倒现，扣除手续费 5 万元
3	江西 JS 实业有限公司	760000.00	2009 年 3 月 12 日	80 万元材料发票倒现，扣除手续费 4 万元
	合　　计	2090027.36		

（3）边角料处理收入 180462.20 元汇入邓某个人银行账户，未登记入公司账簿，也未明确发现该资金用于公司开支。

（4）山东 TY 公司加工费收入 50000.00 元流入邓某个人银行账户，未登记入公司账簿，也未明确发现该资金用于公司开支。

以上事项共涉及资金 4948689.56 元，其中 2628200.00 元应收票据款已归还公司，另有 2316489.56 元，邓某目前未能合理解释其资金去向。

（二）具体情况

1. 关于挪用公司应收票据 2628200.00 元

经审查，2009 年 1 月 6 日，邓某将银行承兑汇票背书给江西 JS 实业有限公司（无交易），挪用两张银行承兑汇票 2628200.00 元（注：一张 1000000.00 元，交通银行票据编号 08259300，出票人江西 FY 有限责任公司，到期日 2009 年 5 月 20 日；另一张 1628200.00 元，招商银行票据，出票人南昌 GP 投资发展有限公司，到期日 2009 年 6 月 25 日）。挪用后一直未进行账务处理，直至 2009 年 6 月 30 日才将该应收票据冲销了 A 分公司与北京 QHTH 有限公司的往来（注：该笔往来为虚挂，无须支付）。

邓某挪用上述款项的事实被证实后，邓某已于 2009 年 8 月 24 日将 2628200.00 元转回公司，总计挪用 230 天。

2. 关于南昌市 RX 金属材料有限公司倒现资金 380000.00 元

经审查，A 分公司于 2007 年 3 月 29 日通过中国工商银行北西支行支付 400000.00 元至南昌市 RX 金属材料有限公司交通银行南昌市青化支行用于现金倒现，熊总（公司总经理）已审批。南昌市 RX 金属材料有限公司扣除手续费 20000.00 元后，已将 380000.00 元支付给邓某（其本人也确认收到此款）。但邓某未将收据交予会计登账，其解释为该笔款项已用于支付下列开支，同时这些支出也未登记入账：

（1）支付 S 电力公司移动发电车项目汽车底盘款 368000.00 元。经核实，2005 年 9 月 A 分公司与江西 B 供电公司签订了销售合同，销售移动发电车一辆给江西 C 供电公司。A 分公司由于不能生产移动发电车，因此与 QHTH 集团所属电源技术公司签订了购货协议（其中包含了汽车底盘和电源设备）；同时电源技术公司为了采购汽车底盘，与北京 CG 特种车辆有限公司签订了购车协议。

为核实汽车底盘款支付情况，通过查阅电源技术公司财务资料，电源技术公司已经于 2005 年 10 月以银行存款支付了 73720.00 元，另 2006 年 3 月以银行承兑汇票支付了 294880.00 元，共计 368000.00 元汽车底盘款给北京 CG 特种车辆有限公司，但由于汽车上牌原因，北京 CG 特种车辆有限公司将发票开给了江西 B 供电公司；电源技术公司由于无发票入账，因此于 2007 年 11 月 26 日与 A 分公司签订了具体的双方平账协议，在账面上结清了此笔业务形成的往来款项。另外，审计人员也向业务经办人赵某核实过，赵某确认未曾经手过该付款业务。

综上可见，A 分公司无须再另外支付 368000.00 元给北京 CG 特种车辆有限公司。因此可以基本判断邓某所说"支付 S 电力公司移动发电车项目汽车底盘款 368000.00 元，并且未入账"一事不属实。

（2）支付质量监督局罚款 11400.00 元。经核实，2007 年 12 月，DH 质检局对 A 分公司生产的一批低压 MLS 开关柜 3C 情况进行了检查，并进行了罚款，罚款金额 30000.00 元，当时经办人为杨某。同时通过查阅 A 分公司财务资料，A 分公司于 2007 年 12 月 26 日支付了东湖质检局 30000.00 元罚款，并已入账。

因此可以基本判断邓某所说"支付质量监督局罚款 11400.00 元，并且未入账"一事不属实。

3. 关于南昌市 RX 金属材料有限公司倒现资金 950027.36 元

经审查，A 分公司于 2007 年 11 月 19 日通过工商银行北西支行支付 1000028.80 元至南昌市 RX 金属材料有限公司交通银行南昌市青化支行用于现金倒现，熊总已审批。南昌市 RX 金属材料有限公司扣除倒现手续费 50001.44 元后，已将 950027.36 元支付给邓某（其本人也确认收到此款）。但邓某未将收据交予会计登账，其解释为该笔款项已用于支付下列开支，同时这些支出也未登记入账：

（1）支付 D 信息中心项目及 E 档案馆项目未开票施工费用 191473.00 元。通过核查，D 信息中心项目和 E 档案馆项目的分包工程合同额、分包工程付款情况及发票记账情况。A 分公司账面记录证实了所有分包工程合同额、付款金额及发票额三者均相符，未发现有额外的分包工程款项支出，具体如下：

表 11－2　与 D 信息中心和 F 档案馆资金往来明细

单位：万元

项目	分包合同额	分包款支付额	发票金额	备注
D 信息中心	79.00	73.44	73.44	质保金未付
F 档案馆	84.07	79.45	79.45	质保金未付

另外，通过向熊总及经办人赵某进行了核实，均表示工程款支付都有发票，未支付过其他额外施工费。因此可以基本判断邓某所说"支付 D 信息中心项目及 F 档案馆项目未开票施工费用 191473.00 元，并且未入账"一事不属实。

（2）支付 JL 软件园项目费用 97600.00 元。通过核查，A 分公司 2007 年以来的项目费用支出，未发现有支付 JL 软件园项目费用的记录。另外还向熊总及经办人魏某核实，均表示该项目为 2004～2005 年项目，未曾经手支付过业务费。

因此可以基本判断邓某所说"支付 JL 软件园项目费用 97600.00 元，并且未入账"一事不属实。

（3）支付 NC 大学工程配合费 250927.00 元。通过核查，A 分公司 2007 年以来的项目费用支出，未发现有支付 NC 大学项目业务费用的记录；另外还向熊总进行了核实，表示不可能支付该项目业务费用，因为 NC 大学项目还有 125 万元逾期应收款未收回。

因此可以基本判断邓某所说"支付 NC 大学工程配合费 250927.00 元，并且未入账"一事不属实。

（4）支付 S 电力公司高层业务费 250000.00 元。通过查阅 A 分公司财务资料，A 分公司于 2007 年 12 月 22 日及 23 日分别支付赵某 80000.00 元及 100000.00 元，用于 S 电力公司 2008 年设备、材料框架招标高层业务费，并已登记入账。另外还向熊总及经办人赵某进行了核实，均表示除上述 180000.00 元高层费用外，不曾有额外支付该类费用的情况。

因此可以基本判断邓某所说"支付 S 电力公司高层业务费 250000.00 元，并且未入账"一事不属实。

（5）支付 JDZ 开门子业务费 100000.00 元。通过查阅 A 分公司财务资料，A

分公司于 2008 年 6 月 20 日支付熊总 100000.00 元,用于 JDZ 开门子项目业务费,并已登记入账。另外还向熊总进行了核实,表示除上述账面已开支的业务费 100000.00 元外,不曾有额外支付该类费用的情况。

因此可以基本判断邓某所说"支付 JDZ 开门子业务费 100000.00 元,并且未入账"一事不属实。

(6)支付 S 电力公司项目移动发电车上牌费 60000.00 元。经核实,A 分公司销售给江西 B 供电公司的移动发电车,确实需要为客户上牌,但由于上牌程序比较复杂,因此委托给汽车生产厂家北 CG 特种车辆有限责任公司代为办理,协商费用为 40000.00 元;另外还向赵某进行了核实,表示有支付过北京 CG 特种车辆有限责任公司公告费 40000.00 元。

因此可以基本判断邓某所说"支付 S 电力公司项目移动发电车上牌费 60000.00 元"一事只为 40000.00 元。

4. 关于江西 JS 实业有限公司倒现资金 760000.00 元

经审查,A 分公司于 2009 年 3 月 12 日通过中国工商银行北西支行支付 800000.00 元至江西 JS 实业有限公司南昌银行叠山支行用于现金倒现,熊总已审批。江西 JS 实业有限公司扣除倒现手续费 40000.00 元后,已将 760000.00 元支付给邓某(其本人也确认收到此款)。但邓某未将收据交予会计登账,其解释为该笔款项已用于支付下列开支,同时这些支出也未登记入账:

(1)支付江山 KL 电力设备有限公司货款 120474.00 元。经核实,A 分公司与江山 KL 电力设备有限公司于 2007 年 11 月 22 日签订了一份销售合同,合同约定 A 分公司销售一批旧电气元件给江山 KL 电力设备有限公司,折合价款 120474.00 元,不开发票,货款冲抵 A 分公司欠江山 KL 电力设备有限公司的货款。同时还查阅了 A 分公司与江山 KL 电力设备有限公司的对账函,双方往来金额一致,且该笔业务双方均有会计记录,均核销了对方的往来款。

因此可以基本判断邓某所说"支付江山 KL 电力设备有限公司货款 120474.00 元,并且未入账"一事不属实。

(2)支付 G 电力物资公司/HD 电力公司管理费、中标服务费、停电费 190441.86 元。通过查阅 A 分公司的财务资料,财务账上对该类费用已有记录。同时还向熊总及其他相关业务人员进行了核实,均表示此类费用均有对方发票入账,不存在账下开支的情况。

因此可以基本判断邓某所说"支付 G 电力物资公司/HD 电力公司管理费、中标服务费、停电费 190441.86 元,并且未入账"一事不属实。

(3)支付某军驻 NC 铁路局军代处 112246.00 元施工费。通过查阅 A 分公司财务资料,A 分公司已于 2007 年 6 月 14 日和 7 月 19 日分别支付了军代处工程款

50000.00 元和 50246.00 元，合计 100246.00 元，并且已登记入账；另外还向熊总进行了核实，表示除上述账面支付金额外，无其他额外需要支付的工程费，并且公司与军代处的款项已结清。

因此可以基本判断邓某所说"支付某军驻 NC 铁路局军代处 112246.00 元施工费，并且未入账"一事不属实。

（4）支付 GA 供电局客户返利 125000.00 元。通过查阅 A 分公司财务资料，A 分公司于 2009 年 7 月 2 日支付熊某 125000.00 元，用于江西 ZH 地产有限公司项目业务费，且已登记入账，而非 GA 供电局客户返利，GA 供电局项目业务费在账上已有记录；另外还向熊总及业务经办人熊某进行了核实，均表示未支付过 GA 供电局客户返利 125000.00 元，且该客户目前已无欠款。

因此可以基本判断邓某所说"支付 GA 供电局客户返利 125000.00 元，并且未入账"一事不属实。

（5）支付 HF 供水公司往来款（应收账款）平账 124084.14 元。经核实，A 分公司确实有重复开票至 HF 供水公司，但该笔重复开票的应收账款并未冲销，账面也无 124084.14 元现金流入。同时从常理上看，即使要平账，也不需要将资金支付给外单位。

因此可以基本判断邓某所说"支付 HF 供水公司往来款平账 124084.14 元，并且未入账"一事不属实。

（6）支付供应商往来款（应付账款）平账 87754.00 元。通过审查 A 分公司财务资料，并未发现有平账现金流入。同时从常理上看，无须支付的应付账款平账也不需要将资金支付给外单位。

因此可以基本判断邓某所说"支付供应商往来款（应付账款）平账 87754.00 元，并且未入账"一事不属实。

5. 关于边角料处理收入 180462.20 元

经核查，A 分公司于 2007 年 7 月 25 日处理了一批边角料，金额 180462.20 元。收款收据为邓某开具（程序上应由出纳收款后开具），但邓某未将此收据交予会计登账，导致账面少计了该笔收入；同时还向收购商进行了核实，收购商确认已将该笔资金转入了邓某招商银行账户；另外还核对了邓某招商银行的交易记录，发现该笔资金于 2007 年 8 月 5 日转给胡某 100000.00 元，其余为取现。

因此可以基本判断邓某挪用了该笔边角料处理收入 180462.20 元。

6. TY 纸业加工费收入 50000.00 元

经核查，TY 纸业于 2007 年 11 月 1 日将 50000.00 元加工费汇入邓某建设银行账户，但邓某未将收款单交予会计登账，导致账面少计了该笔收入，也未明确发现该笔资金用于其他开支。

因此可以基本判断邓某挪用了该笔加工费收入 50000.00 元。

(三) 核查情况

根据目前的核查结果,可以基本判断 A 分公司未入账资金 2316489.56 元,邓某仍不能合理解释资金去向,但邓某仍一直肯定该项资金已经支付了各项费用,只是未登账。因此目前仅依靠常规审计方法,很难有突破性的进展,主要是因为:

(1) A 分公司确实存在部分资金收支不登账的情况,而且这部分资金支付的审批单据也不知去向,因此具体有多少金额难以核实。

如 2007 年 3 月倒现资金收入 287196.40 元,财务未登记资金收入和支出。通过向财务及业务等相关人员索要过付款审批单等付款原始单据,均未能找到,邓某也表示自己没有保管上述单据。但通过项目成本资料及向经办人简理证实,可以初步判断该资金支付客户返利的事实存在。类似事项还有如支付 WH 万泰 40 万元经销商返利,支付江西 B 供电公司移动电源车上牌费 4 万元。

(2) A 分公司倒现现金与邓某个人资金混合在一起,未单独开设账户保管公司资金。按邓某所说,涉及公司资金的账户就有中国工商银行、中国建设银行、中国农业银行、中国银行、招商银行和南昌市商业银行 6 家银行。已经从各银行取得了对账单,但是对账单上收款人信息不全,同时还存在大量的提现交易,因此难以判断资金去向是否用于公司业务。

邓某对自己银行卡涉及 A 分公司资金的流入及流出进行了梳理,但是对于资金流出其均列为是出纳经手的取现。审计人员还无法核实这些资金流出是否都是出纳经手的取现,因为出纳取现回单交予了邓某(注:邓某说没有保管取现回单),且不用记账,只是减少邓某卡内现金余额;其次无法核实这些资金流出是否为未记账的公司开支及金额。

(四) 其他事项

(1) 从现金倒现过程看,所有倒现资金支付均有熊总签字,这说明熊总对于倒现资金流出是知情的,事后应该监管资金是否流回公司。如果 A 分公司 2007 年及 2009 年出现如此大额倒现资金没有流回公司的事实成立,那么熊总应该承担疏于资金监管的责任。另外,如果邓某所说是熊总指使他将部分倒现资金流入和支出不登账的事实成立,那么熊总应该承担逃避公司监管的舞弊责任。

(2) 按邓某所说不记账费用支付的流程:

但是根据 A 分公司出纳李某(现电源技术公司出纳)及葛某所说,所有用邓某银行卡取的现金都用于公司日常业务开支,且支出的每一笔资金均已登记日记账。这可以证明邓某所说:

出纳用邓某银行卡取现 同正常业务	费用报账，现金支出 同正常业务

邓某对单据分类
对不登账的取现单和不登账的费用报销单取出，其他给会计登账

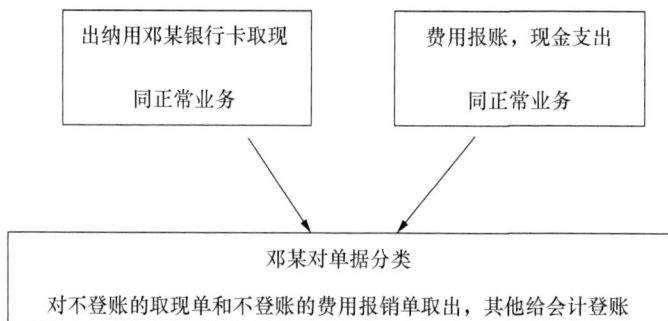

图 11 - 1　邓某的不记账费用支付流程

1）出纳用邓某银行卡取现后，未减少公司在邓某处的现金余额不成立。

2）出纳支付费用报销单后，不登记现金减少日记账不成立。

3）倒现现金支出不登账的可能性只有邓某本人根据熊总的审批单办理，出纳不可能知情。但是未看到一份这样的审批报销单据，邓某解释说自己未保管这种会计资料。

（3）在本次核查过程中，邓某一直持配合态度，且希望公司利用相关资源取得其所列明的银行取款及转账的原始记录，以证明取现经办人为 A 分公司出纳及相关款项已用于公司的费用开支。

（4）在本次核查过程中，发现邓某仍保留了 A 分公司近年来大账和小账的现金日记账电子文档，以及 A 分公司近年来现金倒现的核算单位责任人审批文件。这项电子文件及资料应该要求邓某事情了结后归还公司。

五、案例分析与启示

财务舞弊案件暴露了企业内部管理存在的问题，这起舞弊案件涉及的金额比较大，而且暴露出来的内部管理问题也是非常严重的。经审计，现金收支业务、银行存款收支业务、采购业务、往来款项业务以及大额费用开支等业务流程环节均出现了失控或有章不循的情况：

（一）案例分析

1. 违反职务分离原则授予或办理业务

邓某是财务主管，其职能应该是财务管理的主体，而不应该是具体会计账务

处理和资金的经手人，因为会计账务处理有公司会计，而资金流入流出有公司出纳。承兑汇票不可能直接由财务主管去办理，应该由公司总经理签字、财务主管签字后由出纳办理，并把办理好入账后的相关票据交予公司会计审核并进行相关账务处理。邓某明目张胆地挪用公司应收票据资金的行为反映了公司财会组织结构设计存在问题、财会制衡机制滞后、财务监控制度不完善。

2. 严重违背会计主体的假设，公私不分

公司收取的资金不能也不可以任意流入私人账户，应通过公司开设的银行账户进行公对公处理。同时邓某的说法本身也说明了其知法犯法，作为公司的财务主管，不可能不知道公司财务管理是不容许坐收坐支的，更不可以以公谋私，再以私坐支的，这从审计结果也可以看出，邓某所说的各项支出事实是不存在的，正如用一个谎言来掩盖另一个谎言，终究是要被戳穿的。这也说明公司财务监控是完全失效，容许公司资金进入私人账户更是财务管理败笔，而作为专业人士的财务主管坚持"坐收坐支"的做法更是无知的表现。违反了会计主体的假设，未按规定公司现金应该流入公司账户，造成了资金的体外循环，不利于公司资金使用效率的提升，反映了公司现金收款业务程序和监督程序的不完善。

3. 财会制度形同虚设

公司制定了各种管理制度，如《公司财务管理制度》、《公司会计制度》、《公司审计制度》等，但是邓某私设个人银行账户多家，处理公司资金往来，同时出纳也通过邓某账户处理相关业务，从中可以看出，公司资金管理非常混乱，并且资金管理的漏洞较大，根本没有遵循公司的各项制度，按制度做事。未遵守公司财务制度，恶意挪用公司资金，反映了资金管理漏洞比较明显，财务监管和资金审核程序存在问题。

4. 管理者缺位或无作为问题严重

以上除了挪用一项外，邓某其他事项熊总是知情的，并且是在其审核下完成的，熊总作为分公司总经理，只签字而不进行全过程监控，其行为是严重不作为的表现，严重疏于资金监管，应负主要领导责任。同时邓某所说是熊总指使他将部分倒现资金流入和支出不登账，如果此事实成立，那么熊总应该承担逃避公司监管的舞弊责任。如果合谋是存在的，公司内部控制已经变成了内部人控制，再好的制度也成为了少数人冠冕堂皇的法则，而公司资产却变成了内部人狼狈为奸的盛宴。

5. 不遵守业务流程

从邓某提供的业务处理流程图可以看出，公司财务主管在做会计主管的事情，根本没有分清楚，会计与财务的区别。同时，也没有分清会计与出纳的职责，会计在指挥出纳，甚至是在代替出纳，行使出纳的权力。财会组织管理的混乱，也造成了财务舞弊行为的滋长。而且要看到邓某私设银行账户是没有得到公司授权的，其账户参与公司业务本身就是违规和违法的。

（二）案例启示

1. 警惕产权主体的集体合谋舞弊行为

内部控制制度提出的一个初始假定就是两个人以上的集体合谋舞弊行为难度要高于一个人的个体舞弊行为，容易因信息源的扩大而暴露，因此，集体舞弊很容易被发现。但是如果在重要的产权主体约定情况下进行集体财务舞弊，内部控制制度就形同虚设。在此案例中，邓某很可能是在熊总默许下，与相应的财务人员一起从事挪用资金、私设个人账户、资金体外循环、坐收坐支等舞弊事情，正是集体的舞弊行为才导致内部控制制度失效。如果不是审计处在年报审计中使用分析性复核时正好选中舞弊者行为的相关数据，则短时间内难以发现，给企业造成的危害将更大。而集体合谋舞弊行为在企业实践中还是比较常见的，而且在国内外都存在典型案例。如上市公司银广厦、东方电子、东方锅炉、格林柯尔等，这些管理舞弊案例，涉案金额大，作案时间跨度长，参与的都是高层管理人员，且手段高深。这些舞弊案无不与集体合谋行为有关，正是在这样的条件下，格林柯尔才能无视国家法律，通过各种操作手段对国有资产进行低价收购，从而造成大量国有资产流失。要不是当时有名的"郎顾之争"，这种集体舞弊的行为在审计部门的调查下还不一定能够有效的揭露。

2. 突破财务舞弊产权主体的各种谎言

每一次财务舞弊都充斥着各种借口，而且编织各种谎言。产权主体在效用目标下从事委托代理事情，一旦事情不受控制就成为了内部人，从而道德风险和逆向选择就逐渐显现，内部控制制度就成为了某几个人的游戏规则。每一个舞弊者都可能在既定的动机下，寻找各种机会，并找到各种借口来解释事情是如何发生的。正如邓某所编织的谎言，他开设私人账户是为了更好地为公司服务，他所收到的每一笔钱都作为公司的支出，在各种业务中支出了。但是通过审计核实，其所说的各种支出业务都是不成立的。这进一步证实了每起舞弊行为面前，舞弊者都采取自欺欺人的说法，使自身行为合理化。

3. 弥补内部控制制度的缺陷

内部控制制度不应该是一成不变的，而应该随着企业的发展加以完善。这样才不至于出现裂隙，为舞弊的产权主体提供可乘之机。千里之堤，毁于蚁穴，内部控制制度如果存在"蚁穴"，不及时修补完善，很容易酿成大错。此起财务舞弊案件，其手段并不高明，其之所以得逞，一个重要原因是财务管理制度漏洞明显。公司现金流入和流出根本就没有得到有效监控，财务主管可以私立银行个人账户,进行公司业务的现金收支,致使公司资金出现体外循环,其资金控制链条上的缺陷给了舞弊者制度空间,从而出现了企业资金被恶意挪用的行为。

4. 内部控制制度重在执行

完善的内部控制制度其实也是要承担成本的,构建完善的内部控制制度很重要,但是内部控制严格执行就显得更加重要。只有这样才能把制定内部控制制度的成本降到最低,发挥出内部控制制度的全部功能和潜力,从而获得内部控制制度的执行效益。但是本案例中资金管理内控制度形同虚设,根本没有按此执行,内部控制之所以失控,不是没有规章制度,而是有章不循、违章不究。

5. 做到制度和产权主体的协调

制度是由产权主体来制定,体现着产权主体的各种特色和效用目标。如果不注重产权主体的素质、素养的提升,其道德风险是很难避免的,而制度也可能成为少数人的游戏规则,制度本身就可能存在缺陷。当然仅仅寄希望于产权主体的道德素养,这也是行不通的,产权主体必须要有相应的内部控制制度来加以约束,并由合格的产权主体来加以执行。因为制度再完善,如果没有合格的人来执行或者执行不到位,早晚是要出问题的。在本案例中,在上市公司分公司里,正是由于人的道德即忠诚出现了问题,企业的内部控制制度的"防火墙"被内部人员合谋推倒了。为此,必须做到制度与产权主体的协调,避免制度的缺失和产权主体行为失当。

正如温胜精(2005)所认为的,事后控制不如事中控制,事中控制不如事前控制。如果规范管理、违章必究、控制到位,舞弊案件是可以避免或及早发现的,可惜的是有些经营者没有认识到这一点,总是等到舞弊案件发生并造成损失后才寻找补救措施。管理实践证明,得控则强,失控则弱,无控则乱。这起财务舞弊案例也说明了这个道理。

第十二章　产权主体与内部人控制：
基于太平洋建设集团严氏试验的案例研究

本章①主要是基于产权主体理论研究了内部人控制的问题，认为，内部人控制势必为企业带来较大的公司治理风险，影响企业整体组织利益，不能较好地实现公司持续发展。通过结合太平洋建设集团的"严氏试验"案例，对内部人控制问题进行了案例论证，并得出了相应的研究结论。

一、引　言

内部人控制是指现代企业中的所有权与经营权（控制权）相分离的前提下形成的，由于所有者与经营者利益的不一致，由此导致了经营者控制公司，即"内部人控制"的现象。筹资权、投资权、人事权等都掌握在公司的经营者手中即内部人手中，股东很难对其行为进行有效的监督。而由不拥有股权或只拥有很小份额股权但拥有企业经营权的经理层在一定程度上控制了企业，或多或少地拥有了剩余控制权乃至剩余索取权。同时，经营者与所有者之间的契约不可能是完备无缺的，二者之间信息不对称，经理层所接受的监督是有限的或对其进行的监督是低效率的，在这种情况下，经理层总能利用所有者授予的经营权来获取剩余控制权或同时拥有剩余控制权与剩余索取权。

这一现象的出现，导致了企业内耗严重，内部不经济，而且管理成本增加；造成少数产权主体通过潜规则灰色途径，利用掌握的控制权，转移或者侵吞公司资产极其剩余。如果在私营企业就是通过损害其他产权主体的利益，来获得自身利益最大化，其行为可以总结为"损人利己"式。而如果是在国有企业，其行

---

① 本章核心内容形成论文《基于产权主体的内部人控制研究——以太平洋建设集团"削弱企业强人"的"严氏试验"为例》并发表于《科技广场》2012 年第 5 期。

为更多地表现为通过企业管理者与其他产权主体合谋形成集体内部人，通过低价出售、转让、出租等方式转移国家资产，造成国有资产的流失，其行为可以总结为"损国利己"式。而在上市公司也会出现内部人控制问题，陈湘永等（2000）认为，我国的上市公司事实上依然存在严重的"所有者缺位"问题，虽然国有上市公司中也包含非国有资本，但非国有资本比重过小，对"所有者缺位"问题的修复作用极为有限。正因为此，经理层受不到严格有效的制约和监督，上市公司"内部人控制"的产生和强化也就自然而然了。王韬、李梅（2004）认为，上市公司实际上没有大股东，其内部人控制极其严重是股权集中度与内部人控制强度负相关规律的必然表现。因此，国有控股上市公司内部人控制严重的原因恰恰是因为没有大股东，给了经理层形成内部人控制的股权空间，股权泛化也就成了内部人控制形成的一个主要原因。

在抑制内部人控制方面，田春生（2002）通过从中、俄两国"内部人控制"的现实状况、共同特点和改革路径的角度，论证了在缺少有效制度的环境下，即使控制企业多数股权的内部人仍会为自身利益选择"掠夺"行为，而不会增加企业价值。孙天法（2003）认为，彻底解决具有垄断企业内部人控制的问题，需要确定好信息公开制度。陈亮（2009）认为，有效防治以经理人为代表的"内部人"控制问题，将成为完善公司治理结构设计的焦点。并基于博弈论方法推导出联合产权制度的公司治理模式，这是公司有效治理路径依赖条件下的最优选择之一。高群、黄谦（2010）通过从机构投资者持股对内部人控制与盈余管理之间关系的影响这一视角出发，来说明机构投资者在公司治理中的作用，研究发现以6%为机构持股高低的分界点，机构持股比例高时，可以抑制董事长与总经理两职合一的内部人控制对盈余的操纵，当机构持股比例低时，则可以加剧内部人控制对盈余的操纵。赵国宇、唐红（2012）通过实证研究认为，为了抑制公司管理者对股东合法权利的非法侵占行为，必须根本改善公司的股权结构和治理结构。一方面将委托人的剩余收益权与实际出资份额对应起来，解决委托人缺位问题，降低内部人的实际控制权；另一方面要完善公司内部控制制度，特别是加强内部审计建设，使内部审计直接隶属董事会领导，赋予内部审计监督管理者更大的权限，真正发挥监督制约作用。

内部人控制已经成为既定的事实，而且在不同类型的企业都是存在的，以上专家学者从产生和抑制两方面都做了相应的研究。然而产权主体是如何在动态博弈过程中影响内部人控制程度的，内部人控制程度在企业动态发展过程中如何降低到最小，可以采取哪些方式，这些问题在现有研究中相关文献较少，也为本章的研究提供了研究的空间和可行性。

二、产权主体影响下的内部人控制现象

（一）产权主体与内部人控制

内部人控制（Insider Control）是指现代企业中的所有权与经营权（控制权）相分离的前提下形成的，由于所有者与经营者利益的不一致，由此导致了经营者控制公司，即"内部人控制"的现象。或者认为管理者与投资者一致，投资者既是股东又是管理者（这就更加麻烦），企业筹资权、投资权、人事权等都掌握在公司经营者手中即内部人手中，其他股东或者相关利益者很难对其行为进行有效的监督。由于权利过分集中于"内部人"，因此在经营者利益将会受到不同程度的损害。产权主体影响下内部人控制也就产生了。

如果股东集投资者与管理者于一身，那就形成了大股东内部人，势必会大大影响企业经营决策的有效性。公司管理制度流于形式，大股东的效用目标自然会在决策中起到决定性的作用，有利于大股东个人效用目标的决策大股东就会毫不犹疑地选择，而对于不利因素自然会放弃。大股东内部人对企业的经营管理是非常清楚的，信息是充分的，他要违背企业组织的利益来实现个人利益最大化是非常容易的，这是中小股东和其他利益主体所望尘莫及的。

如果投资者缺位，最典型的就是国有企业，在这种情况下，管理者势必成为企业实质上的掌控者，其对企业的信息充分性促成了管理者内部人的存在，管理者成为企业的内部人。管理者成为企业的内部人的危害性是比较大的，其道德风险和逆向选择会降低企业的整体绩效，因为管理者复杂的效用目标会增加企业经营的成本和代理成本；决策大都会打上管理者自身效用目标的影响，行为倾向会导致公司业绩下降。

当然现代企业是一个委托代理的组织，委托代理成为企业从组织上层到基层的普遍现象，任何一级都可能存在内部人控制现象，这种现象就相当于企业强人，或者在生物学上就是冒尖，这种内部人除了影响部门整体利益，还影响企业全局利益，而且限制部门其他利益者的成长。这种现象是不好的，对企业整体效益自然无法得到较好的提升，严重的会使整个部门变成一个慵懒的组织。

（二）产权主体博弈下的内部人控制程度变迁

1. 内部人控制程度变迁的缘由

现代企业的委托代理不是一成不变的，它也有一个发展过程，而且是随着现代企业产权主体多元化发展而变得更加复杂，致使委托代理成为现代企业的普遍现象，延伸到企业的每一个角落，任意一个产权主体与另外一个产权主体之间都成为了委托代理关系。委托代理程度的加深为内部人控制提供了机会和空间，在产权主体效用目标影响下内部人控制程度也会随着委托代理加深而加深，发生程度的变迁。具体来讲，委托代理使所有权与经营权分离，而这种分离的程度不是一成不变的，而是随着企业的发展所有权与经营权不断演变，适应着企业持续发展的需要。分离程度越高，财务资本所有者可能对企业的理解和渗透能力越低，受信息不完全的影响自然就会产生信息不对称的结果，其演化的结果就可能成为了一个外部人。相反，人力资本所有者在分离程度越高时，其对企业的控制程度越来越强，对企业的整个情况非常了解，信息的对称性决定了人力资本所有者是这个企业的信息充分者，其发展的结果是人力资本所有者逐渐代替财务资本所有者成为了这个企业的内部人。

2. 内部人控制程度变迁的博弈

有了委托代理，内部人会在企业诸多产权主体间进行博弈，并在博弈基础上形成不同阶段的内部人。从效用目标看，无论是管理者、投资者还是债权人都有成为内部人的意愿，但结果怎样取决于产权主体间的博弈能力。

（1）企业初始契约下的博弈。企业初始契约中，投资者成为了企业的内部人。在企业初始契约中，其谈判的优势是显而易见的，博弈能力也是占压倒性的。企业初创需要这样的强势，也只有通过这种强势在企业林立下的竞争激烈的环境中站住脚。投资者又是管理者，这种高度集权型有利于企业应付各种复杂的竞争环境。所有权与经营权的合二为一决定了投资者此时就是企业的内部人，而企业员工、国家、债权人、企业客户和社会其他主体相对来讲就成为了企业外部人。投资者对物质资本投入的无比关切，决定了效用目标必须保证对企业的绝对控制权。投资者由于对各种事情都事必躬亲，因而对各种企业信息都是非常了解的，其信息的充分优势也进一步增加了其谈判筹码。而其他主体由于对企业信息的不完全，则成为了企业的附庸。因此，在企业初创时，企业所表现出来的通常行为有偷税漏税、苛刻地对待员工、环境污染、社会责任意识差和产品质量低下等外部不经济。这就是投资者成为内部人后，企业所带来的危害，内部人控制在企业创立之初就显现了其外部不经济性，绝对是一个自私的产物。

（2）企业成长契约下的博弈。随着企业的发展，所有权与经营权分离，委托代理产生，这一过程的博弈是比较复杂的。

1）如果投资者是信息的充分者，而管理者是一个被动的信息接受者，其委托代理的程度就比较低，此时管理者对于投资者来讲只是一个附属，是在其指导下的委托代理，投资者具有谈判的绝对优势。因此，产权主体博弈的结果，内部人自然还是投资者，而其他产权主体不具有谈判占优的能力，只是企业的外部人。

2）在委托代理基础上，如果管理者能够充分获得投资者的信任，而且满足投资者的需求，投资者会不断让渡企业经营权，管理者成为企业剩余的控制者，对企业的信息了解逐渐加深，成为了信息充分者。此时，管理者以信息充分者的姿态成为了博弈过程中的占优主体，投资者逐渐缺位而成为了傀儡，其结果是管理者成为了企业的内部人，而投资者和其他主体沦为外部人。

3）只要企业是持续发展，博弈就不会停止，投资者当意识到自身权力和利益在受到侵蚀时，此时管理者肯定不能获得投资者的信任票，其行为也触犯了投资者的神经，无法让投资者满意。董事会授权下的公司管理层重组就会成为必然，投资者重新掌权，在充分了解企业信息的基础上，重新分配企业剩余权力，公司暂时重回投资者内部人时代，继续讲述着管理者和投资者博弈的精彩故事。

（3）企业社会契约下的博弈。以上所论主要是站在企业内部各主体之间的博弈基础上的，其实在企业发展过程中有太多的外部产权主体也会影响到企业的发展，如国家政府、企业债权人等，外部产权主体在占有情况下也完全可以左右公司的发展。

1）如果投资者和管理者所组成的阵营不能满足债权人的需要时，债权人将会诉诸法律入主公司，企业就会在债权人的掌控下，对企业所有业务进行接管，从而充分了解企业，此时的管理者和投资者已然成为了债权人的附庸，曾经的外部产权主体成为了企业内部人。其行为表现为分拆公司资产、债务重组、出租出售等。

2）如果投资者与管理者不能满足社会发展的需要，形成合谋主体，变相损害国家利益或者社会利益，自然会得到国家的惩罚，国家会介入企业，通过国家干预变成了企业的内部人，在国家相关政权机构的掌控下开展对公司的各项审查，从而掌握各种信息成为公司的信息充分者，成为最不可思议的内部人。这种情况在三鹿奶粉事件中体现得淋漓尽致。

内部人控制肯定是会给企业带来危害的，为此，只有利用生物学上的掐尖理论削弱企业强人，完善激励和约束机制控制各产权主体行为，尽可能地减少企业内部人控制现象以及所产生的危害。

三、案例介绍①

一个深谙中国国情和社会潜规则的企业创始人，当企业扩张到一定规模时，

---

① 杨云高，陈锐．削弱企业强人：太平洋建设集团的严氏试验．http：//finance. sina. com. cn/leader-ship/case/20041123/13241174637. shtml.

如何将其"独裁"的管理转变成现代公司的治理？如何洋为中用、进行文化扬弃？如何选择路径，来完成家族企业的进化？

中国太平洋建设集团董事局主席严介和曾经在他"森林化"的办公室里，向《董事会》杂志回答了上面的命题。这个中国民营企业 500 强排名第八的企业刚刚完成一次人事更迭：严介和辞去总裁一职，由原南通市经贸委主任蔡树东接任，高层人事地震由此始而尚未止，执行层将推倒重建。为人通达、极善辞令、富于思辨的严介和谈及此事如是说："诸葛亮事必躬亲而后无能人，导致蜀国因诸葛亮兴也因诸葛亮亡，太平洋建设集团也不能对我个人过于依赖。"按照自己的思路，严介和"没有必要借助外部咨询公司"，开始了太平洋公司治理结构的重新设计。这是严介和在与自己进行的一场战斗，通过削弱自己的"权力"来做强公司。或许，"严氏试验"是本土公司自觉性的一个样本。

（一）劳资分离

严介和曾经约见媒体，宣布辞去集团总裁一职，仅担任董事局主席。总裁职位由蔡树东接任，年薪初定 80 万元。这是一个迟到的宣布。在辞职前两个月，蔡树东即以总裁身份亮相太平洋的一次高层会议。显然，一向张扬的严介和此番自有其考虑。

面对《董事会》专谈，严介和用了一句"劳资分离"来概括太平洋建设此次的制度变革。严介和希望通过此举，使太平洋建设集团的传统经营机制与管理体制实现"脱胎换骨式的改造"。"资本所有权与经营权的分离，完善现代企业制度，这是最具实质性意义的重大变革。"严介和说，经营层将通过重新聘请产生。"太平洋集团会有许多上市公司，但太平洋不会上市，它将成为一个投资控股公司。"严介和认为，合格的总裁要扮演好六大角色：一是企业战略的决策者；二是企业文化的传承者；三是企业变革的推动者；四是沟通平台的搭建者；五是管理效益的承载者；六是团队力量的凝聚者。"蔡总是合格的，他很聪明。"严介和说，他所赏识的部下是他的第一上帝，尊敬的领导是他的第二上帝，认同的顾客才是他的第三上帝。严介和还说："我是张扬的，蔡总是低调的，我是开拓型的，蔡总是持家型的。我们互补。"蔡树东此前担任南通市经贸委主任。据了解，蔡曾历任海军某舰队参谋、南通市海安县县长等职，从事过技术、经济、政府工作，个人经历丰富。"低调"的蔡树东在一次答记者问时，解释了"下海"的原因："参加工作 30 多年，从事过技术，当过县长，在经济岗位上从事 20 多年，但遗憾的是没在企业干过，投身太平洋，来实践我人生当中精神上的圆满。"

严介和对蔡树东的承诺还有，以前他做总裁有多大的权，现在蔡树东就有多大的权。为什么要聘请南通官员任高职？严介和说："一些媒体认为拉来地方官员许以高职高薪，以其政府和人脉关系打开当地市场，这是自作聪明。"他辩解说，太平洋是面向全国的企业，用人是零学历、零职称、零资历"三零标准"，太平洋还是零家族、零血缘、零地缘的"三零架构"，将来要做到零内耗、零腐败、零亏损的"三零企业"。

有消息称，严介和在重组*ST 纵横（600862，SH）前后，顺利在南通签下60 亿元的建设大单。其实太平洋还招聘了许多公务员，蔡树东只是其中之一。严介和认为，以中国的国情，很难找到合格的职业经理人，中国的企业家 90%都是不称职的。要精通工商管理、政治学、法学、经济学、哲学和社会学等，才能成为合格的企业家，这样的人才还是在官场。让地方官成为职业经理人，公务员进入民营企业，足见严介和有自己的套路。他的套路还有，送股权。

（二）股权多元化

中国太平洋建设集团的前身，是 1992 年注册成立的淮安市引江建筑工程公司，1995 年成立集团公司时，注册资金为 1.05 亿元。目前，该公司是国内目前唯一拥有国家公路和市政工程两个总承包一级资质和多项专业一级资质的民营企业，下辖 37 家独立法人企业和 9 家非独立法人企业，其中包括一家上市公司纵横国际（600862，SH）。从 12 年前一支百来人、专司几轮分包后的"残羹冷炙"的小施工队，到 2003 年产值 152 亿元、职工 5 万人的民营企业，太平洋实力急剧膨胀。在工程经济之外，严介和还因重组*ST 纵横而一战成名。这只是太平洋进入工业经济的一部分。除*ST 纵横外，严介和先后收购了淮阴长城装饰门窗厂、江苏机械化施工总公司、宿迁玻璃厂、江苏双洋酒业集团、连云港王府葡萄酒业公司等 27 家国有亏损企业，整合了 40 亿元的国有不良资产，承担 17.8 亿元的企业债务，偿还 3.6 亿元的陈欠职工工资，吸纳 1.8 万名下岗职工。这使得严介和成为各地政府的座上宾。严介和还以散财手法来笼络人心。这事实上也达到了他股权多元化的目的。相关资料显示，太平洋建设集团的股东是严介和、谭恩鋆和张万俊三个自然人，严介和控股 90%，处于绝对控股地位。他的目标是，未来几年要把控股比例降至 25%，时间定于 2009 年。"这个工作已经开始，辞去总裁只是一个步骤或信号，明年将大规模改制。"严介和将逐步减持股份，2006 年持股 60%，2007 年降到 40%，甚至会辞掉董事局主席一职，去成立太平洋学院当个院长，教教书。"这个减持，不是转让，而是赠与，就是白送，送给有能力、有贡献的人。"严介和说，"白送给对方，对方还要缴税，他们缴不起，太平洋为他们出钱。""当然，蔡树东总裁也将持有股份。"严介和透露说，蔡树东是总裁，股份应当排第二，是二股东。"这就是我提出的私有公用、私营公有、权力公众化、资产社会化。"严介和说。严介和玩转的不仅是他的企业太平洋集团。对社会规则的深谙，使他在商场上游刃有余。在这个散财阶段，没有人能制衡严介和，也不会有人来制衡他。董事局成了严介和一个人的董事局。

（三）　总裁与奴才

事实上，禅让与散财正是太平洋规模急剧膨胀的逻辑结果。"林子大了，需要有各种不同的鸟和其他动植物，才能构成一个生态系统。"严介和这样说。他无疑是只领头的出头鸟。"枪打出头鸟，现在媒体找我采访的很多。"严介和戏称道。这只"领头鸟"其实很累。因为严介和对自己的经商能力自信到刚愎的程度，他曾坦言，太平洋75%的利润都是在谈判桌上赚回来的。"每次谈判我都是主谈人，可以说没有我严介和就没有太平洋。"这使严介和在决策风格上也往往是独权式的。"真理往往在少数人手里，企业中权力高度集中并不是坏事，独裁也要因人而异。是有很多民企死在家族式管理上，死在独裁上，那是因为那些企业家太弱智。我不会犯那样的错误，所以我可以独裁。"严介和说，"太平洋这么多年没有腐败，也没有内讧，那是因为我们的企业里只有一个裁判员——就是我，其他人都是运动员，包括副董事长、总经理。董事长有99%的权力，有些决策都不一定要经过董事会"。这是不是很累呢？严介和说："我是只管人，不管事，而且就只管下面四大产业集团和六大区域的负责人，我只是这十几个人的裁判员。"但他也承认，辞去总裁一职，是"不想再在一线冲杀，不想做诸葛亮"，以便"有更多的时间考虑重大决策"。严介和说，一个好的总裁，既能当爷爷又能当孙子，既能当总裁又能当奴才。

严介和在太平洋一直扮演着总裁与奴才这一矛盾的双重角色。对此，严介和本人也非常清醒，他很清楚自己的权力和责任是对等的，权力的使用同时也意味着承担了责任和压力。"这个社会是很现实的，是以成败论英雄的，不要看我很风光，其实我很累。"在外，他是风光无限的集团总裁；在内，却是终日为公司发展处心积虑的奴才，太平洋建设的大事小事无不让他操心。尽管他也不无自我解嘲地表示，当这样的奴才，为公司主人服务，是无上的荣光。但也透露出，民营企业的管理者在经过创业之初的成功之后，在企业家和老板的角色转换过程中，不免显得有些无奈。目前，太平洋的董事局包括严介和在内共有9人，主要是总裁、四大集团的董事长、大区总监。内部人的构成特征十分明显。

（四）　以制度化保障战略调整

太平洋集团这些内部治理举措，意在应付即将到来的资金链危机。因为在扩张之际，自身也在进行一些转型，停止收购工业企业，向工程经济集中。这个阶段潜伏了致命的杀机。为了改变太平洋的形象，集团成功并购了一批企业。"这两三年属于超常、异常发展的过程。这个过程，适可而止，今天这个会议作为一个标志，集团的发展为一个战略性回归。打造工程企业，目前以 BT 模式为主。"太平洋集团与包头签订了《基础设施投资建设合作协议》，拿下 117 亿元的基础设施投资建设大单。太平洋与包头发展投资公司合作，以 BT 形式总承包。严介和说，随着 BT 项目的漫天铺开，再过两年，工程企业总量将是现在的 20 倍以上。工程经济的做大做强也将全面带动工业经济，带动整个集团更加快速地发展。因此，严介和才极为强调融资。严介和特别指出，太平洋正处于一个特定时期，并提出重点需要突出"三个转变"，其中包括从阶段性的工业经济向工程 BT 阶段转变，从阶段性文化第一向资本第一转变。新上任的蔡树东也意识到资金链危机。他在内部会议上说，要从金融、资本市场和企业内部找资金。"应收账款总量大，拿融资的成本划一点到应收款上，主动出击，同政府业主商量，把应收款提前归位。"严介和说，太平洋建设不排除引入外部资金，拓宽外部融资渠道，但不会考虑通过股权出让的方式，而是通过引入国际基金、私人资本和银行贷款等债权方式来筹集，对投资者只是提供固定的投资回报。没有股权的流动，"严氏试验"仅仅是其制度化改革的一小步，太平洋制度化公司治理之路依然很长。

四、案例分析与启示

"严氏试验"通过削弱企业强人，将家族独裁管理企业转变为现代公司治理的一种模式，主要是通过劳资分离，股权多元化、以制度化保障战略调整来实现目标。企业是相关利益主体在一系列契约基础上结合起来的组织。不同的利益主体对企业有不同的利益诉求，他们会以自己的利益点位出发，从不同的角度影响严氏实验的结果。

首先对作为占绝对控股地位的大股东严介和来说，他的意志代表了公司的整体意志，企业的运营具有浓厚的个人色彩，这是典型的家族式企业治理模式。企业的成败系于严介和一个人身上，这是非常危险的。因此严介和希望通过股权多元化，将股份赠与有能力的人，让他们掌握公司的一定决策权，起到决策的民主化和权力的制衡，集中众人智慧，为公司发展出谋划策。按照现代企业管理制度，所有权与经营权要分离，太平洋建设集团一直由所有者严介和掌舵，这就需要聘请职业经理来经营公司，重构高层。因此，在"严氏试验"中他提出了劳资分离制度，聘请蔡树东来管理公司，同时他将股份赠予管理层，让管理层成为企业的主人，提高他们的事业心，让他们将职业变成事业，提高他们为公司发展的进取心。

企业的发展离不开政府的支持，深谙国情和社会潜规则的严介和招聘公务员，这有利于将公务员的人脉资源纳入企业。同时有利于构建与政府的良好关系，为企业的发展营造良好的氛围。职工是企业生产的主体，提高他们的切身利益有利于加强职工的主人翁意识，让他们为企业发展出谋划策。因此，"严氏试验"中严介和提出将私有公用、私营公有、资产社会化，在集团内大造富翁，让职工感到自己的利益与企业的效益密切相关，促进他们为企业努力创造价值。企业的高级管理人员和关键人员对企业的发展至关重要。因此，严介和管理四个集团的董事长和六大区域负责人，引入独立董事制，摆好总裁与奴才的关系，审时度势进行企业战略规划，构建一个对人管理的模式以及一个能够对企业服务的人提供最佳服务。

企业的战略要随企业发展阶段的不同而调整，这样才能使企业适应环境，提高价值。企业成立不久，严介和可以事必躬亲，随着企业的壮大，应该从事必躬亲中解脱出来，完善公司组织机构的制衡体系，保持战略制定者和执行者的距离，以保证公司决策的科学化和民主化，这就是"严氏试验"中以制度化保障战略调整。

第十三章 产权主体与财会制度设计： 基于独立学院的案例研究

本章①通过分析产权主体如地方政府、母体学校、合作者、管理层以及独立学院教师与学生对独立学院财会制度设计的影响，揭示了独立学院财会制度在会计制度的选择、会计核算基础、会计科目设置、财会体制、资产监管等方面面临的困境，并借鉴典型民办高校的成功财会制度设计经验，为独立学院财会制度设计的主要内容提供实践思路。

一、引言

财会制度设计很难想象会和产权主体联系在一起，但在现实中它们确实关系紧密。产权主体的效用目标会大大影响组织制度的设计，而财会制度首当其冲，企业的财会制度正如政府制度是统治阶级意识形态的体现一样，也是产权主体的效用目标的具体体现，是为产权主体服务的。在此主要是探讨独立学院这一特定组织的财会制度设计问题。

付正平（2006）认为，作为一种新型的办学机制和模式，独立学院在办学资金的筹集、运用与管理等方面有别于其他普通本科院校。如何加强独立学院的财务管理，找到一种适合独立学院财务管理的基本模式，是当前高校财务管理工作的一项重要课题与任务。因为独立学院投资主体多元化，而且在我国独立学院产权的实际运作过程中，由于产权界定不周全、产权模糊和产权配置不当等造成的权利与责任和利益的缺失、不清楚和不对称等产权关系混乱问题非常突出。首先表现在独立学院财产所有权归属上。规范独立学院的财务管理，必须要有完善的

---

① 本章核心内容形成论文《基于产权主体视角的独立学院财会制度设计研究》发表于《科技广场》2012 年第 2 期。

财务管理制度，朱兰萍（2006）认为，国立公办高校，与纯民办高校也有区别。因此，财务核算完全执行现行高校财务制度和高校会计制度是不够的，还应根据具体情况增加部分企业会计制度，要建立一套适合高校独立二级学院的财务制度与会计制度，以便高校独立二级学院的会计事务处理更科学、更合理。张丽等（2006）认为，中国当下的独立学院实质上是一种借助普通公办高校的设施、品牌等以民办机制进行运作的组织形式，其管理模式介于公办高校和民办高校之间，拥有独立的法人资格，是一个独立的会计实体。当前，独立学院财务管理中的问题表现为投资主体单一，经费投入不足；理财观念淡薄，理财目标模糊；财务制度不完善，忽视成本管理等。独立学院应从拓宽筹资渠道，增强办学实力；强化理财观念，明确理财目标；建立健全资金管理制度，降低运行成本；完善会计核算制度，加强成本管理等方面完善财务管理。

李红民（2007）也认为，多数独立学院在产权关系等重大问题上不明晰，举办者、投资者以及与独立学院的财务关系未理顺，尤其是母体高校与独立学院的关系更是难以分清，隐含着一定的法律和财务风险。方同庆（2007）通过研究独立学院的特点，界定了中国独立学院会计制度设计的含义；论证了中国独立学院会计制度设计的必要性及意义；阐述了中国独立学院会计制度设计的要求与原则；概述了中国独立学院会计制度设计纲要。李赐平、李邦铭（2009）认为，湖北省政府明确表示将支持一批具有"五独立"条件的独立学院在 3～5 年内脱离母体高校，成为真正独立的民办高校，而不符合条件的独立学院将被停办或被母体收回。湖北省独立学院走向独立面临相关法规政策不完善、与母体高校关系未理顺、各方思想认识不统一等诸多困境，必须引起教育行政部门和各独立学院的重视。蒋斌、刘凯旋（2009）认为，独立学院不适合采用高等学校会计制度及民间非营利组织会计制度，有必要借鉴企业会计制度模式，并提出了独立学院引入企业会计制度的原则、方法及意义。李杨（2009）认为，独立学院出现以来，一直没有统一适用的会计制度，导致现阶段独立学院会计制度的滥用。独立学院必须根据相关法律、法规和独立学院的性质特点设计适合于本行业使用的会计制度。晏建伟（2009）认为，独立学院是一种借助普通公办高校的设施、品牌等，以民办机制进行运作的组织形式，是建立在市场运作机制上的一种新的办学模式。其管理模式介于公办高校和民办高校之间，拥有独立的法人资格，是独立的会计实体。独立学院必须加强财务管理工作，提高资金利用率，才能保证独立学院的生存和发展。彭清华等（2009）认为，《独立学院设置与管理办法》将独立学院规定为具有混合所有制和混合公益性事业特征的民办高等教育，并允许出资人取得合理回报。因此，就必须核算成本，加强管理，向利益相关者披露相关信息，以实现成本最小化和出资人利益最大化，并赢得持续竞争力。满足这些要求并适用于独立学院的会计制度较现行民间非营利组织会计制度、高校会计制度和企业会计制度先进，其雏形已经形成、内外环境已经成熟、核算条件已经基本具备，其原则性问题——核算对象、折旧和科研经费支出等问题已经解决，可以进行成本核算。庄莉、朱乃平（2010）通过论述当前独立学院财务管理中存在的问题，指出独立学院财务管理创新和探索的必要性，以及 IT 环境下财务管理新模式。牛红红（2011）认为，高校独立学院作为一种悄然兴起的行业，发展虽然短暂，但对我国高等教育的发展起着极为重要的作用。但是由于认识、政策等方面的原因，在财务管理方面存在着很多问题，其文章在分析目前高校独立学院财务管理现状及存在的问题基础上，提出了一些加强独立学院财务管理方面的对策。

根据现有文献，从产权主体角度对财务制度设计的文献较少，基本上集中在财务管理制度的设计方面，结合产权主体来进行深入分析的也较少。但是产权主体的效用目标对财会制度的设计影响是非常大的，因此，结合产权主体对独立学院财会制度的设计是值得研究的。

二、产权主体对独立学院财会制度设计的影响

2008 年 2 月教育部颁布的《独立学院设置与管理办法》（教育部令第 26 号）指出："本办法施行前设立的独立学院，按照本办法的规定进行调整，充实办学条件，完成有关工作。本办法施行之日起 5 年内，基本符合本办法要求的，由独立学院提出考察验收申请，经省级教育行政部门审核后报国务院教育行政部门组织考察验收，考察验收合格的，核发办学许可证。"该办法的实施需要相应的财务制度与会计制度作为支撑，独立学院才能实现真正的财务独立，成为真正意义上的独立学院。为此，必须在产权主体视角下处理好独立学院的财务关系，设计好财会制度。独立学院的公办民营性质决定了会涉及诸多的产权主体（利益相关者），并在设计财会制度时将受到这些主体的影响。为此，必须充分的考虑产权主体对独立学院财会制度设计的影响，以更好的制定和实施独立学院财会制度。

（一）地方政府对独立学院财会制度设计的影响

独立学院的不断发展壮大离不开国家和各地方政府在土地等方面的优惠政策以及税收优惠政策的实施，希望政府按照《民办教育促进法》，设立独立学院发展专项资金，给予每所独立学院一定额度的资助；出台相关细则，减免独立学院的营业税和所得税，享受国家对民办学校的税收优惠政策。

（二）母体高校对独立学院财会制度设计的影响

独立学院是由母体高校提供品牌、声誉、师资等，由合作者提供资金、校舍、设备、设施等，各方按投资比例或所签的合同协议确认股权份额，并据此享有权益和承担责任。产权和收益分配是独立学院的核心问题，要解决这一问题，应建立资本金制度。然而目前我国大多独立学院并没有实现真正意义上的独立，没有脱离母体高校，也没有独立的财务机构和人员。独立学院与母体高校的这种关系使很多独立学院的财会制度是依照母体高校的财会制度来实行的，从而影响了独立学院资本金制度的建立。所以，我国独立学院在设计财会制度时应根据自己的特殊性来进行，而不是照搬母体高校的财会制度。

（三）合作者对独立学院财会制度设计的影响

根据《关于规范并加强普通高校以新的机制和模式试办独立学院管理的若干意见》，合作者负责提供独立学院办学所需的各项条件和设施，根据《民办教育促进法》"出资人可以从办学结余中取得合理回报"的规定，出资人取得的回报根据出资额、办学结余，按一定比率计算。因此独立学院财会制度设计时要能反映合作者的合理回报及其相关利益。

（四）独立学院管理层对独立学院财会制度设计的影响

独立学院财会制度设计改革能否成功推动还取决于独立学院管理层对这一工作的认识和重视与否。一批重视和关心我国独立学院未来发展的管理层应该了解我国独立学院的现状尤其是还没有独立统一的财会制度这一现状，并且认识到要改变这一现状就迫切需要设计一套适合我国独立学院自身特殊性的财会制度。所以，独立学院管理层对独立学院财会制度设计的重视会对这一工作产生较大的推动作用。

（五）教师、学生对独立学院财会制度设计的影响

独立学院的教师在身份上具有相对的独立性，大多数都实行人事挂编制度，因此，教师在其薪酬待遇的设置上必然受到财会制度的冲击，在诸多的教师开支方面应该更倾向于一线教师，同时要实行有利于教师开展教学科研学术活动的财会制度，完善各项会计科目，以更好的核算教师的各项开支。而对于学生来讲，独立学院比一本、二本学生所交学费多了一倍，其对学院所提供的服务要求会更多，也更倾向于多元化，学院财会制度设计必须要考虑这一点，把满足学生各项需求的开支合理地进行核算，以避免为追求短期利益而损害学生必要的学习要求，同时要做到有效的控制。

三、案例介绍

在产权主体相互作用下，独立学院财会制度应具有自身发展的特点，因此，在设计财会制度时将面临较多的困境。在所调研的民办高校中，作为国内民办高校百强首位的江西蓝天学院其财会制度方面做得比较成功。在会计制度方面，江西蓝天学院采用高等学校会计制度为主、民间非营利组织会计制度为辅的会计制度，用高等学校会计科目进行核算，同时借鉴民间非营利组织会计制度中适合民办高校的会计核算方法。在会计核算基础方面，江西蓝天学院采用的是权责发生制。在会计科目方面，设置了"固定资产折旧"和"在建工程"等科目。在会计报表披露方面，江西蓝天学院不仅有资产负债表和业务活动表，而且有现金流量表，满足了使用者的需求。

（一）会计制度方面

1. 会计制度的选择

中国独立学院自试办以来，一直没有统一适用的会计制度。现阶段中国独立学院会计制度的选择主要有：《高等学校会计制度》、《民间非营利组织会计制度》、《事业单位会计制度》及《企业会计制度》四种。《高等学校会计制度》根据《事业单位会计准则（试行）》制定，适用于各级人民政府举办的全日制普通高等学校、成人高等学校；普通中等专业学校、技工学校、成人中等专业学校依照执行。《民间非营利组织会计制度》适用于在中华人民共和国境内依法设立的符合本制度规定特征的民间非营利组织。民间非营利组织包括依照国家法律、行政法规登记的社会团体、基金会、民办非企业单位和寺院、宫观、清真寺、教堂等。《事业单位会计制度》适用于中华人民共和国境内的国有事业单位。《企业会计制度》适用于除不对外筹集资金、经营规模较小的企业，以及金融保险企业以外，在中华人民共和国境内设立的企业（含公司）。

2. 会计核算基础

由于独立学院大多是普通高校的二级学院改制而来，在国家没有出台独立学院会计制度之前，大部分独立学院采用的是高等学校会计制度。会计核算基础也一直采用的是收付实现制而没有采用权责发生制。然而随着高校招生规模的日益扩大，财务收支量增多，这种以实现收支为基础的会计核算方法，很难适应当前高校财务管理的需要，容易形成财务管理漏洞，也不能全面地反映高校的财务收支及资产状况。如在学费收入核算上，高校按照收付实现制的要求，即学生交来多少学费，财务入账多少事业收入，而不核算应收和欠费情况。欠缴学费的数额不能反映在财务账上，如果财务部门与教务等部门协调不当，很容易出现学生已毕业走人而学费还欠缴的情况。其次，高校与有关单位签订资产出租、出借等有偿服务合同，按照收付实现制列当期收入，而当期没有实现的收入不能做应收款反映为学校债权资产，造成会计信息的不对称，同时也容易形成财务管理上的漏洞。

3. 会计科目的设置

会计科目设置不合理，例如：

（1）资产方面，不设"固定资产折旧"科目。独立学院固定资产在投入使用后，不计提折旧，固定资产入账后账面价值只增不减，同样与"固定资产"科目相对应的净资产科目"固定基金"账户金额也只增不减，"应收及暂付款"、"短期投资"和"长期股权投资"等会计科目也没有设置致使独立学院的资产和净资产信息严重失真。

（2）负债方面，大部分独立学院只设置"借入款"科目而没有设"长期借款"和"短期借款"科目。在高校会计制度改革的过程中也要充分考虑到金融机构对贷款安全的信息需求。将"借入款"科目做进一步划分，根据到期日分为长期借款和短期借款，这样不仅有利于金融机构防范风险，而且有利于管理当局合理安排支出及时还款。同时明确高校贷款的责任、审批程序和贷款资金的管理办法，要求各高校制定切实可行的还款计划，按照贷款本息归还的时间和额度合理安排调度资金，减少财务风险。

（3）支出方面，没有设置"管理费用"和"筹资费用"等科目。对于学院的支出，应在"应付账款"下设"管理费用"和"筹资费用"等明细科目反映，这样才能够揭示学院的潜在风险，也有利于学院年初做预算时，有一定的资金保障。

4. 会计报表的披露情况

在会计报表的披露方面，大部分独立学院只披露资产负债表和业务活动表，而没有披露现金流量表。但是随着高等教育改革的深入，高校的业务活动日趋多样和复杂，对校办产业投资，举债、经营创收等经济活动被广泛涉足，由此带来的不确定性和风险在不断增加。因此，有必要将教学科研活动、筹资活动、投资活动等产生的现金流量予以全面反映，既为决策者也为使用者提供学校现金流入、流出及其增减变动净额方面的信息，以估量学校现金流量前景、持续运作能力，同时也为决策者提供所需的现金流量信息，据以分析和评价学校偿债能力。

（二）财务制度方面

1. 财务体制依赖于母体学校，未完全独立

从形式上看，有些独立学院无真正意义上的独立法人与财务机构，无独立的校园和基本办学设施，我国部分独立学院的财务收入和支出甚至还统一在母体高校财务管理之中，根本没有实现"一级核算、一级管理"的财务管理体制。部分独立学院的财务负责人也是直接由母体高校任命，人事、工资关系仍在母体高校。而且，这些独立学院每年须以实际学费收入的20%～30%向母体高校交纳管理费，导致原本应用于独立学院后续发展资金的办学结余资本很大一部分用于补贴母体高校办学经费的不足。从内容上看，有些独立学院无独立的教学管理计划及师资管理队伍，基本上采用母体高校的管理机制等。我国部分独立学院专任教师严重不足，聘用了较多的母体高校的教师作为兼职教师，对母体高校的师资依赖性严重。而且各独立学院是在母体高校的帮助下进行专业和课程设置、制订教学计划，有的独立学院甚至连课表和考试等都是由母体高校统一安排。因此，独立学院一旦脱离母体高校的帮助将无法保证教学质量。

2. 投资主体的权益分配原则未明确

成本核算弹性大，难以确定合理回报。由于财务指标体系的不健全，对投资者的结余分配计量指标（回报率）的界定未明确。而且由于独立学院的课时和假期时间并没有一个统一的标准，独立学院的成本核算弹性比较大，从而影响了投资者的结余分配，进而严重影响了投资者的投资热情。如果投资主体的权益分配原则得不到明确，投资者将可能因为权益分配不合理而撤资。这对于本来就资金紧缺的独立学院来说是非常不利的。

3. 资产监管机制、财务审计与监督机制不完善

财务人员设置不合规，人员素质整体不高，导致财务数据的质量不高，资产监管和财务审计监督机制不完善，相关的法律风险增大。

4. 财务严谨性不高，财务风险比较大

由于财政部和教育部在对独立学院资产上报的问题上存在严重差异，财政和教育部门之间的差异协调性导致独立学院在进行资产核算时不能统一标准，严重影响了独立学院的财务严谨性，进而增加了相关的财务风险。

四、案例分析与启示

独立学院财会制度设计应该在遵循产权主体理论前提下，明晰各利益主体的财务关系，设置有利于独立学院持续发展的财会制度。

（一）独立学院会计制度设计与启示

1. 资本金制度

建立独立学院资本金核算制度可以在净资产中增设资本金科目、其他净资产科目，按照学院章程及投资协议的规定，投资人投入学院的资本，按投入学院的出资人不同分设明细科目。学院收到投资人投入的资金，超过其在注册资本所占份额的部分，在"其他净资产"科目核算。

按照《民办教育促进法》第51条规定，民办学校在扣除办学成木，预留事业发展基金及按国家有关规定提取其他必需的费用后，出资人可以从办学结余中取得合理回报。因此，独立学院会计制度应对其净资产进行分类，引进"资本金"概念，以此来明确民办高校产权关系，从而规范投资者与高校的经济利益关系。

2. 权责发生制

权责发生制原则指凡是当期已经实现的收入和已经发生或应当负担的费用，不论款项是否收付，均作为当期的收入和费用。并且收入与其相关的费用，应当相互配比，同一会计期间内的各项收入与费用，应当同期确认。由于独立学院出资人可以从办学结余中取得合理回报，对于应当收取的学费按学期计提。一方面计入应收学费，另一方面计入学费收入，因各种原因减少应收学费时做相反的分录，实际收回学费时冲减应收学费，预收的学费计入预收学费，待应计时再计入学费收入中。对于某些具有专门用途的专用基金，如科研经费等，根据其设立的目的不同，实行专款专用。单独进行核算，不宜采用权责发生制的，可以采用收付实现制。

3. 高校收费制度

培养成本是收费标准的重要依据，准确核算高校大学生实际培养成本，让学生家长、社会各界明了大学生培养成本的实际支出，通过制定科学的、适合我国国情的收费标准，做到既有利于高等教育成本的回收，又能维护受高等教育者机会均等和居民承受能力，兼顾到申请者、投资者、教育者（独立学院）、被教育者的共同利益。

4. 资产、成本和结余核算体系

（1）加强应收款和对外投资管理，设置"应收及暂付款"、"短期投资"、"长期股权投资"、"长期债权投资"、"坏账准备"、"短期投资跌价准备"、"长期投资减值准备"等科目，并在"应收及暂付款"下设"应收学费"、"应收住宿费"、"应收杂费"等明细科目，加强学生欠费管理。

（2）对固定资产计提折旧，设置"累计折旧"科目核算固定资产在预计使用寿命内分摊固定资产的成本。

（3）进行无形资产摊销，设置"累计摊销"科目核算无形资产的摊销。计提固定资产折旧、进行无形资产摊销，有助于独立学院加强资产、负债管理和成本管理。

（4）进行基建会计核算，设置"在建工程"，并在"在建工程"下设"建安工程投资"、"待摊投资"、"设备投资"、"工程物资"等二级科目，按工程项目分设三级科目，具体核算按基建制度执行。这样既规范了基建工程会计核算，又真实完整地反映了学校的资产负债情况。

（5）建立结余核算体系，对"事业结余"和"合理回报"等科目单独核算，这有利于明确各投资方之间的权、责、利关系，保护投资者的合法利益。

（二）独立学院财务制度设计与启示

1. 建立和完善独立学院的产权制度

在宏观上，应就独立学院的设立条件、审批权限、法律地位、产权组织形式、投资者的权益分配原则，解散条件、解散程序即解散时的资产清算原则，国家对独立学院的宏观调控与引导支持措施以及产权运作中违法行为的法律责任等，做出明确规定。在独立学院内部，独立学院应建立健全财务管理制度、资产管理制度和资产清算制度。独立学院应实行独立核算，建立财务制度、会计制度，设置会计账簿；应在董事外设立监事或定期接受有关部门的财务审查，保证财务开支公开、合法；要制定资产管理办法，防止资产的流失和挪用。固定资产的购置、使用、损耗等均应有专门的管理办法和管理人员；处置重大资产，需实行董事会审查、院长执行的制度。

2. 加强财务控制

独立学院应设立单独的财务机构和人员。我国有部分独立学院没有自己独立的财务机构和人员，依赖母体高校的财务制度和财务机构，不利于独立学院的财务管理工作的开展。

3. 建立健全财务管理制度

应建立健全仪器设备采购、登记、领取、损耗、移交、处理、变更、折旧等管理制度。

4. 加强财务监督审计制度

要建立健全会计制度，使财务监督工作做到经常化、制度化，如对于副院长以上人员和董事会成员，在其离任前要对其进行离任审计。

5. 完善财务报表体系和财务信息披露制度

现有高校的财务报告体系不能完整地反映学校财务状况，需重新设置一套能全面、系统、真实地反映学校一定期间财务状况、收支情况的报表。包括资产负债表、收支明细表、现金流量表、结余分配表等报表及报表附注。在会计核算采用权责发生制后，对于采用现金流量为基础编制的反映一定时期现金流入流出情况的现金流量表就十分重要。现金流量表是用来反映学校在一定时期现金和现金等价物流入和流出方面的信息，应按照教学、科研及辅助活动、经营活动产生的现金流量，投资活动产生的现金流量，筹资活动产生的现金流量分别反映。结余分配表反映一定时期内实现的可分配结余或待弥补的赤字情况。通过以上报表，教育主管部门、举办者及有关单位人员了解学院一定期间财务状况、收支状况情况的重要资料，也是编制下年度学校财务收支计划的基础。

独立学院的非政府举办、非国有事业单位、非企业性质，部分资源提供者要求取得合理回报等性质决定了其不能简单套用某一种会计制度，而要根据其特殊性设计与之相符的会计制度。江西蓝天学院采用高等学校会计制度与民间非营利组织会计制度相结合的会计制度是值得我国独立学院在设计财会制度时借鉴的。

第十四章 产权主体与非效率投资：基于三九集团的案例研究

本章①主要论述在产权主体影响下企业非效率投资行为，产权主体间博弈会形成不同类型的股权结构，从而影响企业的投资行为，并常常表现为非效率投资，即投资不足或者投资过渡。在本章中将通过研究产权主体是如何影响企业投资行为的，形成相应的理论体系，并且利用三九集团等典型企业案例来加以证明，为规范企业产权主体投资行为提供相应的启示。

一、引 言

国外专家学者对非效率投资的研究由来已久。Jensen 和 Meckling（1976）认为经营者努力经营的成果由股东和管理者双方分享，而成本却由管理者独自承担，这种不对称必然引起管理者努力水平降低，所以管理者将选择有利于自己而并非最大化股东利益的投资项目，通过过度投资扩大非生产性消费。Stulz（1990）以股权高度分散的公司为研究对象，发现经理有动机对负的净现值项目投资，这使经理能够掌握更多的资源，获得更多的在职消费，然而以此为依据推导出必然导致过度投资行为的预测是不正确的，企业应结合其自身的现金流量来分析企业的非效率投资行为。Jensen（1986）的自由现金流量理论认为经理目标为最大化自身的利益，在投资机会质量低的情形下，经理倾向于将企业过去投资所产生的现金流投资于负的净现值项目上，而不是分配给股东，即过度投资。Alti（2003）则在新古典经济学框架下建立企业价值模型，表明平均托宾 Q 值越低，企业越有可能投资负的净现值项目，导致过度投资。

国内专家学者在这些理论基础上，从我国企业实践出发提出了非效率投资问

---

① 本章理论部分核心内容由万俏宇参与撰稿，主要参考其硕士毕业论文《我国上市公司非效率投资行为研究——基于利益主体之间代理冲突的视角》。

题。文宏（1999）、赵守国和王炎炎（1999）等基于委托代理理论的分析，认为我国上市公司现有治理结构环境下，严重的"所有者缺位"现象导致对管理者缺乏有效监督和约束。经营管理者追求自身利益最大化和成本最小化是导致我国上市公司股权融资资金配置效率低下的根本原因。刘怀珍、欧阳令南（2004）通过内生化经理人私人利益，建立模型发现：经理的行动选择和投资选择是分离的，经理的行动选择是利润分享份额的增函数；投资选择是经理人私人利益的增函数，与显性的报酬参数无关，当经理的私人利益为零时，投资达到最佳水平；股东对经理显性报酬仅对经理的行动选择有激励作用，而投资水平大小与经理私人利益相关。欧阳凌等（2005）对股权"市场结构"做出界定，在统一框架中分析了不同股权"市场结构"下股权集中程度和监督成本与两类非效率投资行为的关系，针对不同条件分析模型，发现：①在完全竞争和完全垄断股权结构中只有当股权集中度达到一定程度后，监督才能有效地降低股东与管理者之间的代理成本，且股东监督水平和监督效率与股权集中程度成反比，即企业存在大股东有利于企业业绩的提高；②"挖隧道"行为的激励随着大股东持股比例的增加而呈现倒 U 型运动趋势，在不考虑股权结构分散风险的条件下，达到一定集中度的分散性股权结构和垄断性股权结构对于缓解非效率投资行为的整体代理成本最有效；③股东引入最佳负债水平，同样也能减少第一类和第二类代理成本。

王艳等（2005）建立一个简单的股东与经理层间的契约模型，得到了所有者应给予经理层最优的持股比例，并考察了经理层的风险态度、投资项目风险、经理层与外部替代经理层的能力差异等变量发生改变时对经理层投资水平的选择。通过比较静态分析表明，处于不同行业的公司其经理层过度投资可能不同，所处行业风险越大，过度投资程度可能越严重。此外模型还发现，在存在经理人市场的条件下，外部替代的风险使这种保护自身职位的过度投资行为更加突出，外部替代威胁越大，经理层对那些更能突出自身优势的项目就越有动机进行过度投资。童盼、支晓强（2005）运用蒙特卡罗模拟法，计算净现值为零的项目投资前后原有股东及债权人财富的变化，验证了股东与债权人利益冲突引起的投资歪曲行为，研究发现，典型企业会放弃现金流固定的无风险项目，原因为这一项目虽不会降低企业价值，却会使财富由股东向债权人转移，引起原有股东财富的减少。同时进一步讨论了项目现金流波动幅度、企业资产负债率、企业所得税税率等因素对企业投资行为的影响。他们认为，项目现金流波动浮动幅度较大，过度投资严重；反之，项目现金流波动幅度越小，投资不足严重。企业资产负债率加深了股东与债权人冲突引起的投资歪曲程度，随着资产负债率的提高，投资不足更严重，企业所得税率则与原有股东财富正相关，即企业所得税税率越高，过度投资越严重。

童盼、陆正飞（2005）以上市公司为研究对象，考察负债融资及负债来源对企业投资行为的影响，从而揭示我国上市公司中股东与债权人冲突和负债相机治理作用带来的经济后果。根据新增投资项目风险与投资新项目前企业风险的大小关系，将样本分为高项目风险企业和低项目风险企业。研究发现，在低项目风险企业中，既存在股东与债权人冲突引起的投资不足，又存在负债相机治理作用对过度投资的约束，使得负债比例与企业投资规模呈负相关。在高项目风险企业中，既存在股东与债权人冲突引起的过度投资，也存在负债相机治理作用，但由于负债的相机治理作用更强，所以负债比例与企业投资规模仍然负相关，但其相关程度比低项目风险企业小。同时他们还发现，在上市公司中，不同来源的负债所引起的股东与债权人冲突程度有所不同，与银行借款相比，商业信用的债权人对企业的约束相对较少，股东更易通过歪曲投资来损害其利益。以上不难看出，我国关于非效率投资研究主要是在借鉴国外理论研究的基础上，结合我国企业所处的特殊经济体制与政策体制背景来进行的。

二、产权主体影响下的非效率投资行为

股权结构包括股权属性、内部人持股、股权流通性和股权集中程度等几个方面。股权属性是指国有股东、法人股东和社会公众股东三大类。内部人持股是指上市公司管理层和员工持股。股权流通性是指不同属性的股权流通状况。至于股权集中度主要是衡量公司股份分布状态和稳定性强弱，包括第一大股东持股比例与其他股东持股比例的比值以及前几大股东占总股本的比例，不同的股权安排下，各类股东参与公司治理的权利各不相同，行使控制权的主体也不同。股东能否有效发挥作用直接影响董事会作用的发挥和公司治理的有效性，从而影响投资决策行为的效率。产业经济学中一般将市场结构分为三种类型：完全垄断市场、寡头垄断市场和完全竞争市场。因此，根据我国股权结构特征，把公司股权结构划分为完全垄断型股权结构、寡头垄断型股权结构和完全竞争型股权结构三种类型。

现有文献表明，股东与经理人的利益冲突、股东与债权人的利益冲突以及大股东与小股东之间的利益冲突从未放在一个统一的框架内进行研究，所得结论不能完全解释我国上市公司的投资决策行为。所以，为更好的理解公司的投资决策，结合以上公司股权"市场结构"划分，分析不同股权市场结构和融资方式下投资决策者的行动效率与行动取向，以及在该行动背景下，投资决策者与其他投资利益主体间的矛盾冲突如何影响公司整体价值。

（一）完全竞争股权结构中管理者非效率投资行为分析

1. 完全竞争股权结构及其特点

完全竞争股权结构中股东持有的股份相对分散，任何一个股东都难以对公司控制产生实质性的影响（最大股东持股比例一般小于20%）。西方发达国家股权结构多表现为该形式，其特征主要表现在两方面：一是个人股东人数越来越多，股权日益分散；二是个人持股比例不断下降，金融机构和事业单位持股比例不断上升。如英美上市公司的股东持股高度分散，即使养老基金等机构投资者在每一公司中的股份都较低，股权结构类似于完全竞争股权结构。我国部分国有上市公司，政府虽处于绝对控制地位，但其股权结构形式却类似于完全竞争股权结构。我国国有上市公司作为经济体制向市场经济体制转换的产物，带有其自身的缺陷，国有控股上市公司的"股东代表"和"董事"仅是国有产权的"代表"，国家作为企业的外部出资人并没有以所有者的身份进入企业并在企业内行使所有者职能，导致大股东治理与监督不到位，上市公司出现严重的"内部人控制"现象，所以其股权结构类似于完全竞争股权结构。

在股权高度分散的上市公司，企业的所有权与控制权相分离，单个股东对公司决策的影响不大，没有投资决策的控制权。管理者成为公司投资的实际控制者。且在分散的股权结构下，股东之间所占有份额较小且不具备控制权，股东之间几乎没有利益冲突。各股东及债权人对投资决策者不会进行有效监督，都存在"搭便车"行为倾向，于是产生过高的非效率投资的代理成本，进而加剧了股东与管理者、管理者与债权人之间的利益冲突。

2. 股权融资时的企业投资行为分析

考虑到股权结构分散的企业，经营者采取股权融资的投资行为，参照 Stluz（1990）的模型和欧阳凌（2004）的模型，分析企业在股权融资项目时完全竞争股权结构下经理人的投资决策以及该决策对企业价值的影响。

建立一个两时期模型，t_0 期股东投资现有资产，t_1 期产生现金流，经理与股东之间存在信息不对称，只有经理人知晓企业的现金流量与新投资机会的质量。借鉴 Stluz（1990），假设股东对企业现金流 C 事前的推断为扣除经理人报酬后的净额，C 在 [0，R] 上遵循均匀分布，R 为现金流的上限，R 足够大。

假设企业从银行融资的成本较高或不能从银行获得贷款，只能依靠内部筹资。并假设 t_1 期企业同时存在净现值为正和负的投资机会，且不存在第一类代理成本时的理想投资水平为 I^*（$R \geq I^*$）。然而，当企业现金流充裕时，经理出于私人利益会利用实际控制权将一部分资金投资到负 NPV 值的项目，于是出现过度投资，$I > I^*$。股东事先预期到经理可能存在过度投资倾向，当经理真的面临资金短缺时，股东不愿意提供资金，从而导致经理不能充分利用所有正 NPV 值的投资机会，出现投资不足，$I < I^*$。与经理私人利益相关的代理成本为过度投资和投资不足导致的股东利益损失。

股东的监督使经理与股东之间存在信息沟通，特别是当经理面临资金短缺时，理性的经理会将真实信息传递给股东，股东也愿意相信经理所提供的信息并且追加资源给经理进行投资，所以有效率的监督能够消除投资不足行为，即当股东愿意提供监督时，不会形成投资不足的代理成本。然而，在企业现金流丰富的情况下，股东不可能确切地知道投资额，经理可能会传递不准确的信息，而将现金投入到 NPV 值为正的项目以巩固自己的职位，引发过度投资行为。但是，在第一控股股东进行监督的情况下，过度投资程度降低了。

（二）完全垄断股权结构中股东非效率投资行为分析

1. 完全垄断股权结构及其特点

完全垄断股权结构中只有一个大股东持有绝对多数股份（一般大于 50%），在公司治理中具有绝对控制权，我们近似地将大股东的持股比例用以评价股权的集中程度。我国大部分国有上市公司股权极度集中，内部人持股低，且机构投资者刚起步，除了国有大股东外，往往不存在其他能与之抗衡的大流通股东，国有股东掌控着企业的经营决策和人事大权，类似于完全垄断性股权。上市的家族企业中通常存在控制性家族，拥有绝大多数股份和控制权，也属于完全垄断型股权结构。

对于大股东绝对控制或第一大股东相对控股的公司来说，在投资时，大股东拥有充分的信息和绝对的控制权。作为投资的决策者，大股东愿意且有能力参与公司治理并提供监督以降低第一类代理成本。中小股东无动力也无能力参与企业监督，因此他们更乐意采取"搭便车"行为。同时，大股东也可通过自己的控制权从中小股东手中攫取额外收益。然而随着控股比例的增加，"掘隧道"收益逐渐小于其"掘隧道"投资行为带来的企业价值的损失。通过以上分析可以看出，在完全垄断股权结构下，大股东的监督更有效率，股东与经理人利益冲突也得到有效避免，而大股东与小股东的利益冲突随着控股股东持股份额的增加而减弱。然而，股东与债权人利益冲突凸显，股东有强烈的动机投资于高收益高风险项目，侵占项目超额收益的同时，却将项目风险转嫁给债权人，使股东与债权人之间的矛盾加剧。所以，在完全垄断股权结构中，股东与债权人间的冲突表现为项目投资过程中的主要矛盾。

2. 大股东与小股东之间无"掘隧道"行为

当大股东拥有控制权时，大股东有意愿和能力参与公司治理并提供监督以降低经理代理成本，中小股东无动力和能力参与企业监督，因此便出现了"搭便车"行为。对大股东而言，如果不考虑其"掘隧道"行为，仅考虑中小股东在监督经理非效率投资行为时的"搭便车"行为，大股东愿意提供监督的股权集中度的最低下限增加了，且大股东的监督更有效率，均衡时的监督成本降低了。控股股东的持有股份下限明显高于完全竞争股权结构中的第一控股股东持有量，当股权集中度达到 1 时（公司只有控股大股东，而不存在中小股东），大股东有完全监督经理的非效率投资行为激励，企业处于股东有效控制中。一般来说，这样的公司往往是家族控制型的，不存在经理代理成本，所以不存在关于投资的监督问题，监督成本为零。

3. 大股东通过"掘隧道"侵占小股东利益

若考虑大股东侵害小股东利益的"掘隧道"行为，大股东的目标函数就会发生变化。大股东的收益分为两部分：一是通过控制权从小股东手中攫取的收益 w。假设"掘隧道"行为的收益与大股东的持股比例和监督水平均无关，$w > 0$。二是从对经理人的投资决策行为进行监督中获得的相应公司价值增值部分。大股东是否采取"掘隧道"行为，是否对经理进行监督对其收益都有影响。大股东需要在这两者之间权衡。

（三）寡头垄断股权结构中非效率投资行为分析

1. 寡头垄断股权结构及其特点

寡头垄断股权结构也称相近持股结构，即公司存在两个或两个以上持有股份比较接近的大股东（通常每个股东持股比例大于 20% 且小于 50%），任何一个大股东都无法单独获得公司的实际控制权，且控制权竞争非常激烈。部分民营企业，由于规模歧视和所有制歧视，无法从银行筹集到低成本债务资金，直接上市又无法达到上市的最低门槛要求，因此几家民营企业往往联合起来买壳上市。通常每家民营企业都拥有一致的股份，这类民营上市公司和部分国有股参股性质的上市公司的股权结构类似于寡头垄断股权结构。

寡头垄断股权结构中，每个大股东都必须与其他大股东或管理者合作才能达到共同控制公司的目的，所以，对于是否监督管理者的非效率投资行为，各股东都会在参考其他股东行为的基础上采取最有利措施。尽管股权的相对分散降低了监督的效率，但大股东之间乃至外部控制权市场的竞争使相对控股股东最有可能在公司经营不利的情形下更换管理者。股东对经理非效率投资行为的监督成本和监督效率均介于完全垄断与完全竞争股权结构之间，减少了委托—代理情形下的整体代理成本，更加有利于保护中小投资者的利益和增加企业价值。因此在寡头垄断股权结构中，相近的持股比例使控制权收益更加突出，股东之间的利益冲突上升为投资利益主体间的主要矛盾。

2. 寡头垄断股权结构投资决策

寡头垄断股权结构中，每个大股东都必须与别人合作才能达到共同控制公司的目的，这样在监督决策时必须考虑其他股东的行为，但是大股东单独拥有控制权时却可以获得"掘隧道"行为的收益。以两个持股比例相近的股东为例，在一个非合作博弈的框架内同时分析两类股权代理成本，以及股东各自的目标函数。因此可以预期，如果两个股东持股比例很接近，双方都会进行监督，这客观上减少了第三类代理成本，增加企业价值。

三、案例介绍

多角化经营案例较多，在考虑其典型性基础上选择了"落花生"微博文章《三九集团与多角化经营》的案例。[①] 企业的多角化经营既是企业资产重组的重要手段，同时也是降低单一业务风险、回避业务萎缩和获得整体规模优势的重要途径。多角化经营能否成功在很大程度上将取决于企业能否把握环境的变化，正确选择相关业务，将资源进行有效的组合。三九集团作为中国百强企业中的著名企业集团，拥有涉及药业、食品加工业、酒业、现代农业、旅游服务业、服务业、包装印刷业、房地产开发业和汽车工业等产业的 200 多家全资、控股、参股企业。三九集团的多角化经营可以分成三个阶段。

（一）"多角化"探索

1989 年，当时的中药产品的科技含量和投资开工厂的成本不高，中药行业的进入壁垒很低。为了规避风险，当时的南方制药厂决定要发展多种经营，既要以一业为主，也要有东方不亮西方亮的准备，因此决定走出药品的范围，实施多角化经营。管理者认为多角化的经营既可以有效地分散经营风险，又可以通过输出三九的品牌、管理机制和销售等无形核心竞争能力得到最大限度的发挥。同时，集团通过涉足各个产业最快地获得最新发展资讯，可以在最短时间内发现和介入新的经济增长点。

1. 进入包装印刷业

这种垂直多角化经营既稳定了药品包装的供货渠道，保证了质量的稳定性，

---

① http://blog.sina.com.cn/s/blog_ 68793ab80100k71b.html.

同时，由于在深圳高档次的印刷厂缺乏，建立印刷厂也可以满足周边地区的客户对高质量印刷的需求。正是基于以上考虑，南方制药厂投资 500 万元人民币，香港越秀公司投资 100 万美元合资筹建了九星印刷厂。到 1996 年止，其社会订单总量已占其产品总量的 67%，创利润 2000 万元。

2. 进入西药行业

1980～1994 年，西药的生产量以每年 16% 的速度增长，而中药的生产量每年的增长速度是 10%，西药的总产值占到了药品行业总产值的 79%。西药巨大的市场容量和发展速度使三九集团投资兴建了深圳九新药业有限公司。1997 年，公司的销售额达到 23 亿元，上缴利税 3780 万元。

3. 进入房地产及汽车贸易市场

邓小平南方谈话后，房地产开发和汽车贸易变得风风火火。南方制药厂将原厂后勤部改为房地产部，后又注册了三九物业公司、三九房地产开发公司和三家以汽车贸易为主的汽车公司。

4. 进入酒店业

两年内三九集团在各地建立连锁酒店达到 18 家，采取相同的吊牌和经营模式经营。

（二）"多角化"快速发展

1994 年在"三九胃泰"被国家列为自费药后，药厂的生存出现危机。也直接威胁到集团的生存，因为，三九集团 90% 的利润来自南方制药厂。三九集团制定了把单纯的产业型企业发展成为多种产业并举的综合性产业，把一个核心企业发展到两个核心企业，把单纯的产业型企业发展成为产业与金融相结合的高级组合型企业的新的集团发展战略。把南方制药厂和三九汽车工业作为核心企业，把利润在 1 亿元以上的 35 个企业作为支柱企业，并发展利润在 500 万元以上的骨干企业一个。这期间，运用资本运营手段进入了汽车、农业、大食品、旅游业。到 1997 年 6 月，共兼并企业 41 家，集团总资产也达到 97 亿元。在这段快速发展过程中，多角化经营中的一些问题也暴露了出来：

（1）由于受国民经济大环境的制约，酒店业的客源锐减，同时租赁费用过高，管理水平也未能跟上酒店的扩张速度，所以，酒店只能在无钱可赚或亏损的情况下运营。

（2）1995 年国家实行适度从紧的货币政策，宏观经济发展放慢，直接导致三九的房地产专案陷入困境。同时，汽车市场开始降温，价格逐步回落，三九汽车公司的业务也转向低潮。三九集团总裁赵新先认为，造成三九房地产现状的原因除了对国民经济的发展把握不准外，专案投资的随意化和法律纠纷也是主要的原因。

（3）农业公司由于扩张过快，兼并的程序和手续不完备，导致对被兼并企业缺乏实际控制能力，致使有的企业最终退出了三九集团。

（4）地方保护主义者和企业联手弄虚作假，把主业的高额负债隐藏起来，以达到被兼并的目的。

（三）"多角化"的调整

面对在多角化发展中出现的问题，有人提出，多角化经营使集团本来就无固定来源的有限资金被迫分散使用，降低了资金的使用效率；三九集团给人的形象是医药行业，在其他领域发展不一定能充分发挥作用，甚至有品牌稀释的风险；集团的有关领导对非药业行业陌生，增加了经营中的不确定性；国内的人口平均医药消费量较发达国家有十倍以上的差距，这说明医药行业本身仍然有很大的发展潜力，花很大力气在不熟悉的领域进行探索，不如集中力量做好自己的主业。

最终，三九集团及时调整了战略思路，从资产扩张为重点向效益扩张为重点转变，重新调整了多角化方向，多角化经营的目标集中在相关等角化。集团的工作重点调整为大力发展主营业，原则上停止了非药业企业的兼并。集团先后撤销了三九旅游公司、三九农业公司和三九汽车公司。其产业发展战略也调整为以医药为核心，包括保健品、大食品、医疗器械、文化等产业在内的生命健康产业。从此，三九集团走上了良好的发展轨道。

四、案例分析与启示

以 MM 定理为基础的经典财务理论将净现值（NPV 法）作为企业投资决策准则，当且仅当一个投资项目有正的净现值才应该被实施；假如有多个备选项目，则以净现值高低为衡量标准，净现值越大，投资方案越好。但是在现实的经济实践中，由于资本市场的不完全、信息不对称以及委托代理等问题的存在，企业在投资中常违背这个准则，因而产生非效率投资行为。非效率投资行为大致可分两类：过度投资和投资不足，前者是指在投资项目净现值小于零的情况下，投资项目的决策者仍实施投资，后者是指在投资项目的净现值大于零或等于零的情况下，投资项目的决策者仍主动放弃投资。

从三九集团多角化经营案例可以看出，三九集团为使自身做大做强，实现资本规模的扩大，采取了多元化的战略投资策略，同时进入诸多业务领域，其业务涉及非常广泛，包括医药业、食品加工业、酒业、现代农业、旅游服务业、服务业、印刷业、房地产开发业和汽车工业等产业的 200 多家企业。这些业务看似广泛，但是其与企业主营业务的技术和市场基本上没有相关性，与企业战略性业务关联性不强，虽然利润较高但是对企业整体价值增长是非常有限的。一个企业需要的是把有限的资源运用到企业最有价值的领域，但是三九集团的做法是非常欠妥的，这从后续出现的一系列问题可以得到有力的证明。在实施了多角化经营战略后，公司虽然取得一定成绩，但是其弊端也是非常明显的。三九集团主营业务是医药行业，多年的经营在这一领域树立了自身的品牌优势，贸然进入其他新领域，而且与主营业务也没有关联性，这势必增加企业的经营和管理成本，需要为企业在新领域的学习买单。同时经营新的业务领域，需要公司拿出更多的资金和人才，这会影响到企业主营业务资金缺乏，人才不足，从而影响企业的技术开发水平，无法研制出新的医药产品，损害了三九集团制药的利益，影响了企业的持续发展。可以说三九集团多角化经营战略，在新的业务领域没能实现突破，在原有的优势领域又被削弱，无论从哪个角度来讲，其投资都是吃力不讨好的，也是非效率的。

投资的非效率性导致三九集团必须做出调整，否则面临企业破产，在此，无论是投资者还是管理者，都得把保证企业持续发展放在首位，为此，三九集团调整了经营战略思路，把多角化经营战略尽量整合为具有同心圆式的经营战略模式。使从产扩张为重点转向效益扩张为重点转变，重新调整了多角化方向，多角化经营的目标集中在相关等角化。撤销了三九旅游公司、三九农业公司和三九汽车公司。其产业发展战略也调整为以医药为核心，以原有的特长和经验为基础增加新业务，使企业充分发挥了自己的优势，最终走上了良好的发展轨道。

第十五章　产权主体与资产重组方式选择：基于江西昌大三机科技的案例研究

现代企业的本质决定了企业是由各产权主体构成的，产权主体都会有自己的效用目标，获得不同的剩余控制权和剩余索取权，并在此基础上决定各自的财务行为，从而选择不同的财务方式和形成不同的财务关系。根据这一理论，产权主体效用目标差异，必然会影响产权主体行为，进而影响企业资产重组方式。资产重组方式的选择受到产权主体博弈的影响，并在动态条件下得到不断演变。各产权主体要想使企业得到可持续发展，其选择必须在牺牲一部分个体效用目标的基础上，让渡一定的剩余控制权和剩余索取权，从而实现资产重组方式的选择性均衡，在此基础上达成一致意见，并推进企业的持续发展。

一、引言

从江西第三机床厂到江西昌大三机科技有限公司，从一个曾经"繁盛"的企业到现在一个"衰败"的企业，三机科技不缺乏技术力量、不缺乏人才、不缺乏市场，可是它就是不能实现可持续发展。目前，胶合板成套设备的市场前景利好，政府也给予了企业 1340 万元的拆迁补偿款支持。这正是江西昌大三机科技有限公司重整旗鼓的好时期，然而作为多元化的企业组织，江西昌大三机科技有限公司的资产重组过程面临着一系列产权主体间的矛盾。本章将从产权主体效用目标差异角度来分析江西昌大三机科技有限公司如何选择资产重组方式。企业是一个人力资本和非人力资本共同订立的特别市场契约（周其仁，1996）。由于未来世界的不确定性和信息不对称性，导致了企业契约的不完备性。企业契约的不完备性导致企业所有权的配置变得非常重要，并且描述了企业所有权的剩余索取权和剩余控制权应该对应的分配给同一类产权主体（刘志远、李海英，2010）。获得剩余索取权和剩余控制权的产权主体的效用目标会影响其经济行为，并影响企业的资产融资行为。本章的研究思路是运用描述性案例研究方法，即在研究前就形成和明确一个理论导向，以作为案例分析的理论框架（颜士梅、王重鸣，2006），设定产权主体的效用目标与主体行为的理论分析逻辑，以江西昌大三机科技股份有限公司为案例进行分析，并得出相应的研究结论。其结论主要体现在：企业各产权主体都在企业可持续发展的前提下以自己的效用目标为基础进行博弈，并形成动态的博弈均衡点；企业可以通过建立有效的机制或体制对企业的产权主体行为进行激励与约束，提升均衡博弈点，增加企业价值。

二、产权主体影响下的资产重组方式

企业是各利益相关者凭其有效贡献率参与相互谈判和重复博弈所达成的子均衡解的集合（龚志民、杨东华，2004）。这些利益相关者一般包括投资主体（股东）、决策主体（董事会）、经营主体（管理层）、债券主体（债权人）、公共主体（政府）和人力资源主体（优秀员工），他们也是企业的产权主体。各产权主体在企业剩余索取权与控制权的安排上也是动态的均衡，不同的产权主体具有不同的效用目标，在不同效用目标的驱使下，产权主体追求各自的利益最大化，这就会使企业的经济效益处在动态的均衡中，成为多人重复博弈子均衡解的集合。当企业进行资产重组时，最优资产重组的方式也应当满足这一博弈结果。

1. 产权主体及其效用目标

现代企业契约理论认为，企业是一系列契约（合同）的组合，是个人之间交易产权的一种方式。它指出了企业契约的不完备性，以及由此导致的企业所有权的问题。由于进入企业契约的不完备以及现实的不确定性，所有成员不可能都得到固定的合同收入，这就是剩余索取权的由来，剩余所有权一般属于承担企业边际风险的人员，即风险承担者；由于进入企业契约的不完备以及现实的不确定性，在问题发生时，需要有人决定如何填补契约中存在的"漏洞"，这就是剩余控制权的由来，剩余控制权一般属于风险制造者。由于剩余索取权和剩余控制权的出现，才出现所谓的"企业所有权"问题。企业所有权的安排决定了每个企业参与人事后讨价还价的既得利益状态，这意味着所有权的安排非常重要。最优的所有权安排应该是使企业价值最大化的所有权安排，从微观经济学角度而言，即"加总的"每个参与人的行动的外部效应最小化的所有权安排；从企业理论的角度，即剩余所有权和剩余控制权的对应（张维迎，1996）。

传统上我们认为股东是企业的所有者，然而自 20 世纪 80 年代以来，研究者们越发认识到，企业所有权只是一种状态依存所有权（什么状态下谁拥有剩余索取权和剩余控制权）。股东不过是"正常状态下的企业所有者"。在企业正常运行时，投票权归股东，这是因为，非人力资本与其所有者的可分离性意味着股东不可避免地承担着边际风险，因而最有积极性作出最好的决策；当企业处于破产状态时，企业的控制权由股东转给债权人，这是因为，从本质上讲，百分之百的债券融资等价于百分之百的股票融资，因为债权人变成实际上的剩余索取者和控制者（汪丁丁，1996），此时企业的边际风险转让给债权人，因而最有积极性作出最好的决策；管理者总是享有一定的剩余索取权，这一方面是由于管理者在管理企业时本身具有一定的控制权，同时为了激励管理者更好的以股东的利益为出发点进行决策，股东一般会给予管理者一些控制权；另一方面当企业具有超额利润时，股东就没有兴趣干涉企业，此时经理层就是实际的所有者，因而最有积极性做出最好的决策。

当产权主体中的任何一方取得了企业的剩余索取权和剩余控制权时，企业的各项重大决策和活动都将从该方的角度出发体现其利益（陈功，2000）。对企业主要产权主体效用进行分析，有助于我们探讨企业目标，分析企业的经济行为。股东作为企业物质资本所有者，是企业风险的主要承担者，享有所有者的分享收益、重大决策和选择管理者等权利。股东追求的是资本增值和资本收益最大化，效用目标最终表现为追求利润最大化。

股东为企业提供了财务资源，但是他们处在企业之外，而管理者当局在企业里直接从事管理工作。管理者是企业的实质上的控制者，属于负责经营决策的人力资本所有者，即所谓的"经营者"。由于人力资本与其所有者的不可分离性和非人力资本与其所有者的可分离性，意味着人力资本更容易"偷懒"，甚至通过"虐待"非人力资本提高自己的效用。由此得出，管理者与股东的效用目标并不完全一致，他们更多地表现出随意投资、过分在职消费、行为短期化、追求假期、倾向投资高风险项目、侵吞股东资产等行为，追求自身报酬的最大化。

债权人向企业输入资金，一定程度上也与企业形成委托代理关系，债权人把资金借给企业，其目标是到期收回本金，并获得约定的利息收入；而公司借款的目的是用它扩大经营项目，两者的目标不一致。

2. 效用目标差异化影响下的产权主体行为

股东作为剩余索取者，拥有投票权，通过投票选出"董事会"，再由后者选择代理人，通过代理人实现其价值最大化。然而管理者作为代理人的效用目标与股东并不完全一致。正是由于上文提及的契约的不完备性以及信息的不对称性，股东必须对代理人的行为承担风险，为了将这种风险降低，股东应该采取激励措施。激励问题是一个永恒的话题。对管理者的激励可以表现在货币报酬或是物质报酬的显性激励的基础上，可以表现在企业内部可能存在的对经理层名誉、声望的隐形激励（李鸥，2009）。

债权人的效用目标与股东、管理人同样不同，为了保证自己的利益，债权人通常会采取措施。这些措施主要包括：第一，在借款合同中加入限制性条款；第二，发现公司有损害其债权意图时，拒绝进一步合作，不再提供新的借款或提前收回借款；第三，当公司到期债务不能偿还时，银行将成为企业的实质掌控者，成为企业真正的主人，但是碍于自身并不是企业运作的专家，因此会通过拍卖企业产权，从而放弃企业的经营权，尽可能地收回债权和利息。

3. 产权主体博弈下的资产重组方式选择

分析企业的产权结构问题，应当把企业的可持续发展放在首位。只有在企业可持续发展的基础上，股东才能够享有剩余索取权、债权人才能够收回本金和利息、经理人才能够获得作为"经营者"的报酬。当企业在面临资产重组的问题时，重组方式的选择涉及产权主体的利益，这些产权主体都将以自己的效用目标为基础进行博弈，为了使企业生存并得到更好的发展，各产权主体最终必然会妥协，找到一个各方都能够接受的博弈均衡点。

从产权的角度定义，资产重组就是以产权为纽带，对企业的各种生产要素和资产进行新的配置和组合，以提高资源要素的利用效率，实现资产最大限度的增值的行为（金桩，2004）。资产重组的方式有很多种，这里主要介绍并分析租用重组、借贷重组、合作重组三种重组方式。租用重组指的是投资方对目标企业的资产或资源进行阶段性的租用，而在资本和股权上没有更深层次的融合；借贷重组指的是投资方以债权性资金进入目标企业，帮助目标企业进行资产重组和促进企业发展，同时以目标企业的股权进行质押。当目标企业无法全部偿还到期债务时，对其未偿还部分进行拍卖或协议转让，即"债转股"；合作重组是指双方发挥资源的优势，在某一个阶段和某一领域进行合作，而在资本和股权上没有更深层次的融合。

租用重组与借贷重组的不同之处在于对目标企业的资产或资源的处理方式上，前者是将资产或资源进行出租，后者则是将资产或资源进行贷款，然后以股权质押的方式获取资产或资源的使用权。借贷重组相对于租用重组，可操作性强，而且降低了新公司的运作成本，是较佳的重组方式。合作重组的关键在于如果能够找到其他的投资者，原企业的投入资本可以相应的减少，新企业的注册资本也会大大增加。

由此可见，合作重组方式应当是这三种方式中最优的重组方式。产权主体博弈的结果也应该是合作重组方式。为了更有力的证明这一理论观点的成熟性，特选定江西昌大三机科技有限公司案例来加以分析，并从产权主体效用目标角度分析三机科技资产重组的方式。

三、案例介绍

（一）江西昌大三机科技有限公司现状

1. 三机科技基本情况

（1）发展历程。江西第三机床厂（以下简称"老三机厂"）是与原江西工学院在1958年同时成立的国有企业（由于历史原因，该国有企业的员工享受事业编制待遇，这也是三机改制困难的主要原因之一）。在计划经济的20世纪六七十年代，以生产平面磨床为主。后来源于一位南下老革命——原三机厂书记马纪泽的执著，三机厂从80年代初，技术创新，率先推出胶合板生产设备，并依靠马纪泽的关系和努力，首先在东北获得商机，此后又逢改革开放春风，市场经济逐步繁荣，消费水平不断提升，胶合板需求日益上涨，积累了十多年的制造经验的三机厂，产品供不应求，因此企业效益在90年代初中期，一度红火，客户拿现金到企业等货，甚至另外出小费让员工加班。但从1997年开始，企业开始滑坡，偶有订单激活，但大趋势是下行，直到2003年底，三机厂已无法发放工资，企业不能正常运营。

1）成立江西昌大三机科技有限公司。江西昌大三机科技有限公司（以下简称"三机科技"）就是在老三机厂欠银行770万元贷款和南昌大学200多万元借款的背景下，通过诉讼的途径将老三机厂的优质资产以抵债的方式划到昌大集团公司名下之后成立的新公司。江西昌大三机科技有限公司的资产构成主要分为两部分：一是老三机厂的部分优质资产（主要是生产设备等）；二是昌大集团公司在上高工业园中心地购买的50亩土地及在2007年投资新建的厂房。三机科技公司从体制上看依然是校有独资，管理层也是按行政规则任命的，员工依然把三机科技公司等同老三机厂看待，"国企态度"严重影响着企业的管理，老三机厂的历史负担也由三机科技公司变相承担。

2）成立两家子公司。在没有正式改制之前，为了最大限度地发挥企业制造潜能，最大限度地遏制国企内部矛盾对经营的影响，三机科技在2006年下半年，将原机械加工车间演变成"江西昌大三机机械加工有限公司"，将原焊接车间演变成"江西昌大三机金属制品有限公司"。这两家公司的股本结构是：昌大三机科技公司占51%以上，控股；经营者参股。

3）收购控股中兴公司。中兴公司是在三机厂准备改制的背景下，一些三机员工私下谋求改制后的出路而成立的公司（该公司大部分的股东和员工都还保有老三机厂的事业编制），中兴主营业务就是三机同类产品旋切机、磨刀机。从三机的角度看，中兴与三机是百分之百的同业竞争，从三机厂的管理人员到普通员工、上岗的下岗的、退休的内退的，有不少人与中兴公司有着千丝万缕的利益关联，或参股、或打零工、或介绍业务、或帮着售后维修。这样一种复杂的人际关系，对昌大三机的危害，不仅表现在企业眼前利益层面的恶性竞价，技术泄密、商业泄密，更深层的是对企业凝聚力的破坏。这种状况如果不能得到妥善解决，任其持续，对企业将是致命的伤害，很多国企解体就是类似的原因导致。因此，三机科技的管理层考虑用收购"中兴"的办法来彻底化解中兴带来的上述严重问题。同时考虑到中兴研发了代表市场方向的无卡轴旋切机，并成熟生产，收购中兴对企业发展有利，可弥补三机科技的产品线。因此在2006年12月底，通过各方面的努力，成功收购中兴公司大部分股份，实现控股目标。收购后的中兴公司改名为"江西昌大三机中兴木工机械有限公司"。

4）期待全面的体制改革。在成立了三机科技公司及其下属控股公司后，老三机厂处于"休眠"停顿状态，老三机厂能够上班的员工全部到各个新公司就业。另外成立老三机厂综合办，专门处理老三机厂的一些问题。

长期的生产经营实践证明，国有独资体制或国有绝对控股体制，在中小企业是不适宜的，这也是为什么从中央到地方政府要求国有企业进行改制的原因。三机科技集团公司在体制上已经到了必须改制重组的关键阶段，唯有如此，才能保障三机产业的延续和做大做强，从而达到国有资产的保值增值、三机员工最大机会的就业、三机综合治理隐患达到釜底抽薪的效果、三机进入长治久安的轨道。

（2）技术水平。公司产品通过多年经营，获得了十多项各种奖项，同时公司在有限的资金和技术条件下，在技术研究方面有所突破，获得了三项发明专利。由于公司产品开发较早，我国磨刀机的行业标准是由江西省第三机床厂制定的，三机制造的磨刀机和旋切机在行业内属于高端产品，在性能上处于领先地位。

（3）产品品牌与质量。三机公司系列产品的最大优势就是品牌优势，"三机"品牌的胶合板机械在行业内都是比较叫得响的，公司主打产品之一的磨刀机更是行业的标准制定者。其次产品的质量好，经久耐用，赢得了很多的老顾客。与德国、日本的产品比较起来，公司产品的性价比高，这一点也吸引了很多的外国顾客前来参观和考察。

（4）市场占有率。三机品牌的产品虽然在市场上有比较好的声誉，产品的质量也很好，每年都会通过参与行业的展会而吸引一些国内外的买家前来洽谈，但大部分的买家在考察了三机科技老旧的厂房和产品的价格之后，都选择了竞争对手的产品。三机公司与同类国内厂商比较，其产品价格偏高，这一点就极大的削弱了三机公司产品的竞争力。销售人员缺乏，主要靠老客户销售产品，新客户很少。这就导致了三机产品的市场占有率低，如磨刀机的市场占有率仅达到5%，这么低的市场占有率与三机产品的高质量、大品牌是不相适应的，其主要原因是公司的负担重、管理费用高，公司内部的治理结构还不能适应市场的需要。

2. 三机科技人力资源状况

从三机总体的人力资本看，三机管理层经验丰富、熟练技术工人充足，但销售和研发力量薄弱。目前研发人员共 5 人，销售人员仅 4 人；针对研发力量薄弱的情况，公司还曾于 2008 年在南昌高新技术开发区成立了研发部，但由于公司体制一直没有真正理顺，这个尝试也就失败了。

3. 三机科技资产财务状况

三机科技是在老三机厂的基础上由南昌大学昌大集团参与改组的，并控股了三个下属子公司：江西昌大三机机械加工有限公司、江西昌大三机金属制品有限公司、江西昌大三机木工机械有限公司。截至 2011 年 7 月 31 日公司总资产 33619722.48 元，总负债 24797786.93 元，所有者权益 8821935.55 元。2008 年实现销售收入 5395360.57 元，实现净利润 2799.89 元。2008 年公司在江西上高县工业园以每亩 5000 元购置 50 亩工业用地，现已投入 1000 多万元用于新厂房及办公楼的建设，2009 年公司的净利润就由正转负（2009 年和 2010 年公司的净利润分别为 -686024.22 元和 -812036.67 元），形势对三机科技公司非常不利，截至 2011 年 7 月 31 日三机科技公司的净利润为 -681179.32 元。

4. 三机科技面临的主要困境

（1）资金的困境。目前，老三机厂已经没有生产经营，从一定意义上说，它是一个壳公司，尽管没有生产经营也不产生任何利润，但老三机厂现在还需要大约每年 340 万元的维持费用，包括病退人员工资、待岗人员最低生活保障费、内退人员退养金、综合办人员工资、退休工资补差费用、厂内支付药费、三机全部在职员工的社保费用、医疗保险、三机厂生活区维护费用和其他费用等。

这部分维持费用现在全部由三机科技承担，由三机科技的利润进行弥补，由于科技公司的盈利不能大于 340 万元，尤其是 2007 年开始，材料涨价，逼得科技公司几乎无利润，而维持三机厂的费用一分都不能少，科技公司只有拖欠机械加工公司和金属制品公司的资金，久而久之，两子公司也没钱运转了。因此三机科技公司的第一个问题是面临没有现金经营了。

三机科技公司的在建厂房，由于资金严重短缺，所以建设很慢。建筑商已经垫出资金约 600 万元，若后续没有资金跟进，恐怕不仅是厂房不能建起来，还会面临诉讼问题。

（2）公司治理结构的困境。阻碍三机发展的最大困境就是公司治理结构上的困境，老的国有体制适应不了市场经济的大潮，尽管三机也进行了卓有成效的部分改制，但还是没有从根本上改革国有体制，使得问题一直得不到有效的解决。

由于三机科技公司还是学校全资公司，员工把它理解成国有老三机厂。从高层管理人员到普通员工的用工制度不能完全脱离国有企业的影子，人的问题不解决好，企业就不可能经营好。

1）高层管理人员的管理机制问题，高层工作绩效如何评价？如何聘用需要的高层又如何淘汰不合格的高层？这个问题不能解决，企业就办不好。

2）国有体制给员工的"铁饭碗"、"平均分"观念不改变，只能是弱者淘汰强者，让优秀的员工流失干净。用工制度是三机科技公司生存和发展的障碍。要发展，必须彻底解决用工制度问题。

3）作为母公司的科技公司，自身就存在机制问题，用一个有机制问题的母公司去管理子公司，让子公司的股东没有安全感，因此他们多次向校方提出希望科技公司进行股份多元化改造；希望校方承诺将来将股份退到相对控股的份额；如果科技公司不能做成上述变革，他们将退出股份，另寻出路。

4）有一技之长的员工也深感如果不变革，是没有前途的，"我们不可能一辈子为那些下岗内退工人卖命，把自己永远困在三机"，这是他们要离开三机的最现实的理由。

（3）职工安置的困境。目前，保有老三机厂事业编制身份的人员总计 665 人，其中离退休人员 320 人，内部退养人员 28 人，下岗待岗人员 142 人，离岗保编人员 48 人，上岗人员 127 人；除了 320 位离退休人员之外，其他 345 人一直由三机科技公司负责缴纳社会养老保险（2004 年有 450 多名在职员工，一年的社保费是 120 余万元，逐年退休到 2011 年，只有 345 名在职员工，却需要 190 多万元，根据国家政策此项费用还会逐年增加）和报销医疗费用（医疗保险这块目前该公司是模拟上高县的运作程序，而没有真正到上高县医保局缴费）。

职工安置的主要矛盾有：①职工希望公司能到上高县医保局补缴以前年度的基本医疗保险，享受事业编制的基本医疗保险；②公司部分老员工不太愿意公司进行资产重组，担心自己的生活水平下降；③为了节省开支，三机厂从 2007 年开始停止了内部退养的政策，但随着达到内退年龄的员工越来越多时，要求享受继续内退的吵闹也越来越多了。

职工安置的困境说到底是资金的困境，资金的困境说到底是公司治理结构的困境。只有解决了公司的治理结构问题，才有可能解决企业的资金困境和职工安置的困境；只有解决了公司的治理结构问题，公司才可能具有市场竞争力，公司才能走上健康的可持续发展的道路。

（二）资产重组的目标与依据

1. 资产重组原则

（1）昌大集团相对控股原则。资产重组后，昌大集团在新公司所拥有股份将处于相对控股地位，并在以后的经营中可以逐渐退出。

（2）职工妥善安置原则。职工安置是维持社会稳定的需要，是以人为本国策之根本，为此，对于改制后新公司的成立，必须在此过程中妥善安置好职工，其方案必须得到老三机全体员工的认可。

（3）企业持续发展原则。资产重组的根本目的是促进企业能够持续发展，为此，在资产重组过程中，各相关利益者应该在此基础上达成妥协，尽量减少内耗，以企业发展大局着想。

（4）股东受益原则。发展企业应该要和股东受益相辅相成，形成良性循环。也是进行资产重组应该把握的原则，只有企业未来有发展、能发展，股东才能受益，而只有股东能受益，才有可能吸引他们对公司进行投资。

2. 资产重组目标

（1）减少国有资本，增强公司活力。实践证明，国有资本绝对控股带来的所有者缺位的代理问题阻碍了企业的进一步发展，资产重组的目标是减少国有资本，引进民营资本，激发公司活力。

（2）吸引民营资本，增加公司增量资金。三机科技进行资产重组，也是受制于南昌大学每年必须为解决老三机员工的福利安置负担较大的开支费用，这根本不符合国有企业改制后的企业自负盈亏的现代企业制度，为此，可以吸引民营资本，增加增量资金，激发存量资源，发展好企业，使企业受益、员工受益，南昌大学也受益。

（三）三机科技资产重组方案

资产重组方案主要都是在注册资本设定（2000万元）和股份比例（南昌大学25%，三机科技子公司自然人股东20%，管理层持股10%，吸引民营投资45%）设定下进行，其关键问题集中在对南昌大学资产的处理上，对此提出新公司的资产重组方案。

1. 方案一：租用重组

（1）方案内容。租用方式是投资方对目标企业的资产或资源进行阶段性的租用，而在资本和股权上没有更深层次的融合。公司注册资金可以定位 1000 万元，股份比例如下：

1）南昌大学处于相对控股地位，所占股份在 20%～30%，为了后面的资产重组方案的较好设定，假定南昌大学只占 30% 股份，出资额为 300 万元。

2）三机科技公司自然人股东按照自愿原则进入新公司，可以持有一定的股份，比例在 40% 左右，出资额为 400 万元。

3）新公司管理层可以按照自愿原则出资占有一定的股份，所占股份在 30% 左右，出资额为 300 万元。

（2）方案实施。根据出租的资产重组方式，要使本方案达到各相关利益者都能接受，就必须采取以下程序：

1）核算好南昌大学在三机科技公司的净资产，并进行评估，计算出其评估价值（以会计师事务所为准），在此根据调研假设是 300 万元，三机科技自然人股东净资产评估价值为 350 万元。

2）企业拆迁所得上高县政府资金 1340 万元，减除拆迁费用 200 万元，减除新厂房建设承建方的合同剩余费用 600 万元（前期已付 400 万元），剩余 640 万元。在此，南昌大学可以处理为两部分，其中 300 万元用于新厂房的三通和土地平整费用开支，把新厂房的基本实施做好，达到可用状态；剩余 340 万元可以作为南昌大学老三机的留存基金，作为老三机后续使用资金（生活区改造、店面装修等）。通过这一过程的实施，新厂房的价值将达到 1300 万元，所有权归属南昌大学。

3）根据以上两个步骤计算出南昌大学现有净资产是 1600 万元。

4）南昌大学按照所占股份比例 30%，以在三机科技公司净资产 300 万元，就可以达到所占股份比例所需的出资额 300 万元；三机科技子公司出资 400 万元（其中评估价值 350 万元，现金增量投资 50 万元）；管理层持股出资 300 万元（现金增量投资）。

5）南昌大学在净资产 1600 万元投入 300 万元到新公司后，还剩余 1300 万元，为此，价值 1300 万元的达到生产需要的新厂房和另外的可以以出租的方式租赁给新公司，新公司按租赁面积每年支付费用给南昌大学，南昌大学可以在新公司成立后，以可累积的方式收取租金，以减少新公司的前期负担。

6）当新公司未来经营发展到一定阶段的时候，所有权属南昌大学的新厂房在未来必须按照当前约定的价格由新公司优先购置。

7）举行股东大会，选举公司董事会，制定让全体股东认可的公司章程和相关的规章制度，保护全体股东和全体员工的利益。

（3）方案的利弊。

1）有利性分析。通过这种方式进行资产重组，具有有利性的一面：

①有利于顺利地完成资产的整合和重组，以可累积租金的租用方式租用南昌大学的新厂房，可以减轻新成立公司的负担。

②有利于南昌大学所占股份的减少，通过南昌大学所占比例确认为30%，极大地减少了国有股份，有利于新公司未来的持续发展。

2）不利性分析。①新公司未来的获利必须能够支付南昌大学新厂房的租金，否则南昌大学未来将承担新厂房前期的沉没成本。

②新厂房出租给新公司，对于新公司对资产的使用监督有限，存在较多的后续问题，需要在租赁协议中明确。

③从重组的稳定性来讲，这种方式还不够紧密，对于稳定投资者信心不足，只能作为新公司的一种过渡方式。

④公司增量资金需要其他股东的现金注入。

2. 方案二：借贷重组

（1）方案内容。目标企业目前最大的制约因素是资金，具体包括资产重组资金和发展资金。在各方面政策、人员、环境等因素不成熟时，可采取借贷的方式进行合作。即由投资方以债权性资金进入目标企业，帮助目标企业进行资产重组和促进企业发展，同时以目标企业的股权进行质押。当目标企业无法全部偿还到期债务时，对其未偿还部分进行拍卖或协议转让，即"债转股"。公司注册资金可以定位 1000 万元，股份比例如下：

1）南昌大学处于相对控股地位，所占股份在 20% ~ 30%，为了后面的资产重组方案的较好设定，假定南昌大学只占 30% 股份，出资额为 300 万元。

2）三机科技公司自然人股东按照自愿原则进入新公司，可以持有一定的股份，比例在 40% 左右，出资额为 400 万元。

3）新公司管理层可以按照自愿原则出资占有一定的股份，所占股份在 30% 左右，出资额为 300 万元。

（2）方案实施。

1）核算好南昌大学在三机科技公司的净资产，并进行评估，计算出其评估价值（以会计师事务所为准），在此根据调研假设是 300 万元。

2）企业拆迁所得上高县政府资金 1340 万元，减除拆迁费用 200 万元，减除新厂房建设承建方的合同剩余费用 600 万元（前期已付 400 万元），剩余 640 万元。从中拿出 300 万元用于新厂房的三通，以实现新厂房的可用性；通过这一过程的实施，新厂房的价值将达到 1300 万元，所有权归属南昌大学。而拆迁费用剩余 340 万元（用于老三机生活区改造、店面装修）。

3）根据以上两个步骤计算出南昌大学现有净资产是 1600 万元。

4）南昌大学按照所占股份比例，用 1600 万元的净资产中的 300 万元作为新公司的出资额，占 30% 的比例，剩余的净资产 1300 万元作为借贷资产出借给资产重组后的新公司，在借贷费用上可以制定相应的优惠措施；三机科技子公司自然人股东出资 400 万元（资产评估价值 350 万元，现金增量投资 50 万元）；管理层持股出资 300 万元（现金增量投资 300 万元）。现金增量投资可以达到 350 万元，可以解决前期流动资金需要。

5）南昌大学的 1300 万元的净资产出借给新公司，新公司其他股东以股权作为质押，新公司按低于银行利息的费用每年支付相应费用给南昌大学，南昌大学可以在新公司成立后，以可累积的方式收取利息，以减少新公司的前期负担。

6）当新公司未来经营发展到一定阶段的时候，所有权属南昌大学的新厂房在未来必须按照当前约定的价格由新公司优先购置。

7）举行股东大会，选举公司董事会，制定让全体股东认可的公司章程和相关的规章制度，保护全体股东和全体员工的利益。

（3）方案的利弊。

1）有利性分析。①通过借贷重组的方式，由南昌大学以净资产贷款的方式给新公司，可以减轻新公司的前期负担，降低了新公司的运作成本。

②此种方式操作性也较强，政策和法律障碍少，贷款重组的方式对南昌大学净资产的回收也更有法律的保障。

2）不利性分析。①合作可能仅停留在解决新公司的资金瓶颈的一个因素上，对新公司的机制转换和南昌大学的长期利益保证不利。

②南昌大学是以净资产作为投资的，新公司的流动资金完全需要来自其他股东的增量资金的注入。

3. 方案三：合作重组

（1）方案内容。合作是指双方发挥资源的优势，在某一个阶段和某一领域进行合作，而在资本和股权上没有更深层次的融合。采取合作重组形式，公司注册资金可以定位 2000 万元，股份比例如下所示：

1）南昌大学处于相对控股地位，所占股份在 20%～30%，为了后面的资产重组方案的较好设定，假定南昌大学只占 25% 股份。

2）三机科技公司自然人股东按照自愿原则进入新公司，可以持有一定的股份，比例在 20% 左右。

3）新公司管理层可以按照自愿原则出资占有一定的股份，所占股份在 10% 左右。

4）吸引合作者即其他民营股份投资占 45% 股份。

（2）方案实施。

1）核算好三机科技公司的净资产，并进行评估，计算出其评估价值（以会计师事务所为准），在此根据调研假设是 700 万元。假设南昌大学占 300 万元，子公司占 350 万元。

2）分清南昌大学、三机科技子公司自然人股东对净资产的所有权比例。南昌大学在新公司的出资比例必须达到 500 万元，为此，还必须追加 200 万元，来自于增量投资。新厂房的现有价值为 400 万元（共计 1000 万元，减除欠承建商的 600 万元）；子公司自然人股东追加投资 50 万元；管理层持股出资 200 万元，新追加的资金共计 450 万元可以作为新公司的流动资金。

3）吸引民营资本 900 万元，对新厂房进行后续建设以达到部分使用效果，并占股份比例 45%。

4）新厂房建成后，其价值达到 1300 万元，其产权属于南昌大学，但是可以认为是一种替换的 BOT 方式，可以由新公司免费使用一定的年限（由谈判决定），再由南昌大学收回，并以出租或出借的方式给新公司后续使用。

5）当新公司未来经营发展到一定阶段有能力购买的时候，所有权属南昌大学的新厂房在未来必须按照一定的约定价格由新公司优先购置。

（3）方案的利弊。

1）有利性分析。①南昌大学只需在拆迁资金 1340 万元中拿出 200 万元的拆迁费和 200 万元的增量投资，剩余的 940 万元资金可以作为老三机的其他用途。

②新厂房的建设交给重组后的新公司负责，减少了南昌大学的后续厂房建设各项事情。

③企业能够在增量资金到位和新厂房建设好后，实现正常运转，从而获得相应的利润。

2）不利性分析。①必须找到能出资 900 万元有意向合作投资的投资者，这是采用此种方式进行资产重组的关键。

②要确定好新厂房的合理免费使用年限以及租金费用。

4. 三机科技资产重组方案比较结论

三种方案都集中处理南昌大学净资产和新厂房的建设和归属上，对于员工的安置和股份设置在资产重组的前期必须做好，比较这些方案可以得出以下结论：

（1）方案三对于南昌大学、公司现有股东和全体员工来讲，如果能够做成是最好的结果，但是从目前来看条件不一定成熟，因为它涉及一个其他民营资本投资者，这是一个关键问题，找到合适的其他投资者，才能使资产重组得以顺利进行；而方案一、方案二不存在这个问题。

（2）方案一和方案二的区别只是在于方案一是把新厂房出租给新公司，而方案二是把新厂房以净资产贷款，新公司其他股东以股权质押的方式获得新厂房的使用权。从对南昌大学资产的法律保障性看，方案二比方案一更优，并且不用承担新厂房的后续维护问题。

（3）由三机科技成立资产重组办公室负责资产重组工作。专门负责三机科技的资产重组问题。需要强调的是该资产重组机构与老三机设立一个拆迁办公室和老三机下设立一个房地产开发公司一定要做到组织独立、人员独立、利益独立，人员不宜交织在一起。

四、案例分析与启示

从江西第三机床厂到江西昌大三机科技有限公司，从一个曾经"繁盛"的企业到现在一个稍许"衰败"的企业，三机科技不缺乏技术力量、不缺乏人才、不缺乏市场，可是它却是真真切切的失败了，而是否对三机科技实施改制尚无定论。虽然目前胶合板成套设备的市场前景利好，政府也给予了企业1340万元的拆迁补偿款支持。但是由于企业资金缺乏，管理层意见不一致以及自身机制缺失使得改制变成了一锅"夹生饭"。而这一切的原因来自于改制过程中企业利益相关者非合作的财务行为。

国有企业一旦进行改制就会涉及诸多利益主体的利益，可以说是对国有产权关系的重新分配。由于相关利益主体都有自己的改制行为倾向，解决地区国有企业的改制问题，在增强企业的可持续发展潜力和能力前提下，应尽可能的维护大多数产权主体的利益。此次改制中，三机科技涉及的相关利益主体主要包括：南昌大学、三机科技以及下属三个子公司、老三机厂以及所属全体员工、上高县政府、三机科技的债权债务人、三机科技管理层以及子公司自然人股东。由此可知，企业作为诸多的产权主体构成体，在实际经营过程中，由于受到实质上的掌控者自身效用目标函数的影响，当各个主体之间发生利益冲突时，企业财务目标往往会偏移企业最优的财务目标，最优的财务目标往往得不到真正的执行，若缺乏相应的财务治理机制对相关利益主体实施约束，必将影响企业整体目标的实现。

正如三机科技，不论它是何种组织形式，从体制上看三机科技依然是属于国有控股企业，管理层依然是按行政规则任命，员工依然把它当老三机看待。由于收益均衡分配机制的缺失，使得长久以来公司的员工得不到激励，工作缺乏积极性，同样这种不均衡的分配机制影响了企业整体资金链的稳定。由于共同决策机制的缺失，使三机科技三个子公司的中小自然人股东等弱势地位的参与者将不得不采取"用脚投票"的方式来对抗企业不改制行为。由于监管机制的缺失，使得企业高层管理者们缺乏管理和考评，最终出现老中青管理层改制意见不一的局面。

三机科技集团公司在体制上已经到了必须改制重组的关键阶段，改制目的绝不是国有资本的顺利退出、对员工的置之不理，也不是对国有资本的侵吞，更不意味着企业的无形消失，而是增强企业竞争力，提升企业发展后劲，尽可能地实现利益相关主体的利益最大化（企业价值最大化），这才是基于和谐发展、以人为本的改制。唯有如此，才能保障三机产业的延续和做大做强，从而达到国有资产的保值增值，三机员工最大机会的就业，三机综合治理隐患达到釜底抽薪的效果，三机进入长治久安的轨道。

在改制过程中，同样也要意识到作为一个现代企业，三机科技不应该仅仅是投资者的公司、管理者的公司、债权人的公司，它应该是所有利益相关者共同参与经营的公司，考虑并尽可能满足每个利益相关者的利益诉求是十分必要的。但是由于每个利益主体都有各自的效用函数，规避他们之间的矛盾和冲突也是一门很深的学问。

参考文献

[1] Aggarwal Rajesh & Samwick A. Empire – Builders and Shirkers: Investment, Firm Performance, and Managerial Incentives. University of Virginia, Working Paper, 2003.

[2] Aghion, Philippe and Patrick Bolton. An Incomplete Contracts Approach to Financial Contracting. Review of Economic Studies, 1992 (59).

[3] Akerl of Goegre. The Market of Lemons: Quality Uncertainty and the Market Mechanism. Quarterly Journal of Economics, 1970 (84).

[4] Alastair Murdoch. Are Preferred Shares Debt or Equity? Some Canadian Evidence. Available at SSRN: http://ssrn. com/abstract = 16553 or DOI: 10. 2139/ssrn. 16553.

[5] Ali Fatemi, Iraj Fooladi and Nargess Kayhani. Emerging Markets and Financing with Preferred Stocks: The Case of Pacific Rim Countries . EFMA 2001 Lugano Meetings. Available at SSRN: http://ssrn. com/abstract = 271071 or DOI: 10. 2139/ssrn. 271071.

[6] Berle A., Means G. The Modern Corporation and Private Property. New York: Macmillom, 1932.

[7] Blair M. M. Corporate "Ownership". Brookings Review (winter), 1995.

[8] Blair M. M. Ownership and Control: Rethinking Corporate Governance of the Twenty – first Century. The Brooking Institution, Washington DC, 1995.

[9] Clarkson M. A Stakeholder Framework for Analyzing and Evaluating Corporate social Performance. Academy of Management Review, 1995, 20 (1).

[10] Clarkson M. Arisk – based Model of Stakeholder Theory. Proceeding of the Tronto Conference on Stakeholder Theory. Center for Corporation Social Performance and Ethies. University of Toronto, 1994.

[11] Fama E. Agency Problems and the Theory of the Firm. Journal of Political

Economy, 1980, 88 (21).

[12] Frederiek W. C. Values, Nature and Culture in the American Corporation, New York: Oxford University Press, 1988.

[13] Freeman R. E. & Reed, D. L. Stockholders and Stakeholders: A New Perspective on Corporate Governance. California Management Review, 1983, 25 (03): 88 – 106.

[14] Grant T. Savage & Timothy W. Nix & Carton J. Whitehead. Strategies for Assessing and Managing Organizational Stakeholders. Academy of Management Executive, 1991, 5 (2).

[15] Grossman, S. & Hart, O. The Costs and Benefits of Ownership: A Theory of Vertical and Lateral Integration. Journal of Political Economy, 1986 (94).

[16] Hart, O. & Moore, J. Property Rights and the Nature of the Firm. Journal of Political Economy, 1990 (98).

[17] Jensen M. Agency Costs of Free Cash Flows, Corporate Finance, and Takeovers. American Economic Review, 1986 (76).

[18] Jensen M. and Meckling W.. Theory of the Firm : Managerial Behavior, Agency Costs and Capital Structure. Journal of Finance, 1976 (48).

[19] Michael C. Jensen and William Meckling. Theory of the Firm: Managerial Behavior, Agency Costs and Ownership Structure, Journal of Financial Economics, 1976, 3 (4).

[20] Mirrless J. The Optimal Structure of Authority Incentives within an Organization. Bell Journal of Economies, 1976 (7).

[21] Mitehell A. & Wood, D. Toward a Theory of Stakeholder Identification and Salience: Defining the Principle of Who and What Really Counts. Academy of Management Review, 1997, 22 (4).

[22] Myers Stewart, and Nicholas S. Majluf, Corporate Financing and Investment Decision When Firms Have Information that Investors Do not Have. Journal of Financial Economics, 1984 (13).

[23] Narayanan M. P. Debt versus Equity under Asymmertic Information. Journal of Financial and Quantitative Analysis, 1988 (23).

[24] Rachel Baskerville – Morley. Dangerous, Dominant, Dependent, or Definitive: Stakeholder Identification When the Profession Faces Major Transgressions. Accounting and the Public Interest, 2004.

[25] Stulz. Managerial Discretion and Optimal Financing Policies. Journal of Fi-

nancial Economics, 1990（26）.

［26］S. Abraham Ravid, Aharon Ofer, Vicente Pons, Itzhak Venezia, and Shlomith Zuta. When are Preferred Shares Preferred? Theory and Empirical Evidence. Yale ICF Working Paper No. 03 - 19；USC Finance & Business Econ. Working Paper No. 01 - 2；EFA 2004 Maastricht Meetings Paper No. 2372. Available at SSRN：http：//ssrn. com/abstract = 286782.

［27］Thomas M. Jones. Instrumental Stakeholder Theory：A Synthesis of Ethics and Economic. Academy of Management Review, 1995, 20（2）.

［28］Wheeler D. & Maria. Including the Stakeholders：the Business Case. Long Range Planning, 1998, 31（2）.

［29］陈功. 从"股东财富最大化"到"利益相关者财富最大化"——两种经济形态下产权主体博弈所决定的财务管理目标［J］. 经济师, 2000（5）.

［30］陈宏辉, 贾生华. 利益相关者理论与企业伦理管理的新发展［J］. 社会科学, 2002（6）.

［31］陈宏辉. 企业的利益相关者理论与实证研究［D］. 浙江大学博士学位论文, 2003.

［32］陈宏辉. 企业剩余权的分布：基于利益相关者理论的重新思考［J］. 当代经济管理, 2006（8）.

［33］陈亮. "内部人控制"有效治理途径的博弈分析［J］. 改革与战略, 2009（10）.

［34］陈湘永, 张剑文, 张伟文. 我国上市公司"内部人控制"研究［J］. 管理世界, 2000（4）.

［35］陈艳. 股权结构与国有企业非效率投资行为治理——基于国有企业上市公司数据的实证分析［J］. 经济与管理研究, 2009（5）.

［36］陈志宏. 企业战略联盟的前提条件、运作形式和运营策略［J］. 世界经济研究, 2002（4）.

［37］陈志军. 母公司对子公司控制理论探讨——理论视角、控制模式与控制手段［J］. 山东大学学报（哲学社会科学版）, 2006（1）.

［38］程新生. 公司治理、内部控制、组织结构互动关系研究［J］. 会计研究, 2004（4）.

［39］戴炳坤, 黄建勇. 建立与公司治理结构相适应的全面预算管理［J］. 技术经济与管理研究, 2003（5）.

［40］戴庭璜, 张援朝. 中国公路客运第一股［M］. 北京：西苑出版社, 2003.

［41］戴月. 债权人利益保护的公司治理分析［D］. 外交学院硕士学位论

文，2005.

[42] 邓汉慧，赵曼. 企业核心利益相关者共同治理：公司治理新思维［J］. 湖北社会科学，2008（7）.

[43] 邓小平文献（第三卷）［M］. 北京：人民出版社。

[44] 杜兴强. 会计信息的产权问题研究［M］. 大连：东北财经大学出版社，2002.

[45] ［美］弗里曼（Freeman，R. E.）. 王彦华、梁豪译. 战略管理：利益相关者方法［M］. 上海：上海译文出版社，2006.

[46] 范黎波，李自杰. 企业理论与公司治理［M］. 北京：对外经济贸易大学出版社，2001.

[47] 方同庆. 中国独立学院会计制度设计纲要[J]. 教育财会研究，2007(6).

[48] 方竹兰. 用人力资本产权确立劳动者对企业的所有权［J］. 成人高教学刊，2006（2）.

[49] 付正平. 独立学院的财务管理问题研究［J］. 财会通讯（理财版），2006（2）.

[50] 干胜道. 财务分层理论发展述评［J］. 会计之友，2005（4）.

[51] 高鸿业. 西方经济学（第2版）［M］. 北京：中国人民大学出版社，2000.

[52] 高群，黄谦. 机构投资者持股对内部人控制与盈余管理关系的影响——基于中国上市公司的经验分析［J］. 北京工商大学学报（社会科学版），2010（3）.

[53] 龚志民，杨东华. 有效防治"内部人控制"的博弈分析［A］. 第十二次资本论学术研讨会论文集［C］，2004.

[54] 顾晓琼. 论企业内部控制的方案设计及实施[J]. 上海会计，2003(9).

[55] 郝桂敏. 企业需求、企业实力对利益相关者分类的影响［D］. 吉林大学硕士学位论文，2007.

[56] 何一明. 论关系契约网络逻辑下的利益相关者共同治理模式［J］. 上海立信会计学院学报，2006（9）.

[57] 胡宗良，臧维. 集团公司战略：分析、制定、实施与评价［M］. 北京：清华大学出版社，2005.

[58] 黄小勇，余志伟. 解析企业投资过渡［J］. 企业研究，2008（2）.

[59] 江西长运股份有限公司第五届第四次董事会会议公告，2007 - 09 - 07.

[60] 蒋斌，刘凯旋. 独立学院会计制度改革初探[J]. 财会月刊，2009(6).

[61] 金桩. 中国上市公司资产重组绩效研究［D］. 华东师范大学，博士

学位论文，2004.

　　［62］雷新途．不完备财务契约缔结和履行机制研究［D］．中南大学博士学位论文，2009.

　　［63］李赐平，李邦铭．湖北省独立学院走向独立的困境分析［J］．中国高教研究，2009（2）.

　　［64］李红民．独立学院财务管理探析［J］．事业财会，2007（1）.

　　［65］李鸥．基于关系产权视角的企业经理人报酬契约分析［D］．湖南大学博士学位论文，2010.

　　［66］李维安，武立东．公司治理教程［M］．上海：上海人民出版社，2003.

　　［67］李杨．关于高校独立学院会计制度的思考［J］．经济师，2009（7）。

　　［68］李悦，熊德华，张峥，刘力．公司财务理论与公司财务行为——来自167家中国上市公司的证据［J］．管理世界，2007（11）.

　　［69］梁国勇．企业并购动机和购并行为研究［J］．经济研究，1977（8）.

　　［70］林毅夫，蔡昉，李周．现代企业制度的内涵与国有企业改革方向［J］．经济研究，1997（3）.

　　［71］刘大可．不同要素所有者在企业剩余权力安排中的关系分析［J］．产业经济评论，2002（5）.

　　［72］刘怀珍，欧阳令南．经理私人利益与过度投资［J］．系统工程理论与实践，2004（10）.

　　［73］刘纪鹏．公司价值就是强调利益相关者利益最大化．搜狐财经，2006.

　　［74］刘小玄．国有企业改制模式选择的理论基础［J］.管理世界，2005（1）.

　　［75］刘志远，李海英．理财目标、股东权利配置与投资者保护［J］．会计研究，2010（7）.

　　［76］卢璐．企业剩余权力及其配置［J］．青海金融，2005（4）.

　　［77］陆正飞．财务管理［M］．大连：东北财经大学出版社，2001.

　　［78］牛红红．浅议高校独立学院财务管理［J］.山西财经大学学报，2011（4）.

　　［79］欧阳凌，欧阳令南，周红霞．股权"市场结构"、最优负债和非效率投资行为［J］．财经研究，2005，31（6）.

　　［80］彭进军．图解财务管理［M］．北京：中国人民大学出版社，2002.

　　［81］彭清华，王峰，阳宗好．独立学院办学成本核算的四个问题［J］．湖南科技大学学报（社会科学版），2009（9）.

　　［82］青木昌彦．转轨经济中的公司治理结构［M］．北京：中国经济出版社，1995.

［83］任洪斌．国有企业改制解惑［M］．北京：中国财政经济出版社，2004．

［84］苏海雁，杨世勇．不同状态下公司相机治理主体的演变分析［J］．中国管理信息化，2007（7）．

［85］孙班军．集团公司竞争力——评价理论、方法及案例［M］．北京：中国财政经济出版社，2004．

［86］孙天法．内部人控制的形式、危害与解决措施［J］．中国工业经济，2003（7）．

［87］田春生．"内部人控制"与利益集团——中国与俄罗斯公司治理结构的一个实证分析［J］．经济体制社会比较，2002（5）．

［88］童盼，陆正飞．负债融资、负债来源与企业投资行为［J］．经济研究，2005（5）．

［89］童盼，支晓强．股东—债权人利益冲突对企业投资行为的影响——基于中国上市公司的模拟研究［J］．管理科学，2005，18（5）．

［90］万健华．利益相关者管理［M］．深圳：海天出版社，1998．

［91］汪丁丁．产权博弈［J］．经济研究，1996（10）．

［92］王春，齐艳秋．企业并购动机与理论研究［J］．外国经济与管理，2001（6）．

［93］王春平．"国有股"转"优先股"——国有企业改革的新思路［J］．煤炭经济研究，2002（11）．

［94］王韬，李梅．论股权泛化条件下的内部人控制［J］．金融研究，2004（12）．

［95］王艳，孙培源，杨忠直．经理层过度投资与股权激励的契约模型研究［J］．中国管理科学，2005，13（1）．

［96］温胜精．内部控制制度缘何失效—— 一起舞弊案例引发的思考［J］．中国内部审计，2005（12）．

［97］文宏．融资偏好与融资效率——我国上市公司的实证研究［J］．上海金融，1999（9）．

［98］吴松．优先股，解决国有股问题的重要选择［J］．国有资产管理，2000，（10）．

［99］吴晓波．大败局［M］．杭州：浙江人民出版社，2001．

［100］伍中信，田昆儒．产权理论与中国会计学问题与争论［M］．北京：中国人民大学出版社，2002．

［101］伍中信，杨碧玲．论企业财务目标的产权基础［J］．财会通讯，2003（11）．

［102］伍中信．我国公司财务治理理论研究述评［J］．财会通讯（综合

版），2006（2）.

［103］西奥多·舒尔茨．论人力资本投资［M］．北京：北京经济学院出版社，1990.

［104］谢识予．经济博弈论（第3版）［M］．上海：复旦大学出版社，2007.

［105］谢卫．基金业大发展的冷思考［N］.证券时报（人物版），2007－11－05.

［106］徐虹，林钟．高财务冲突及其纾解：一项基于契约理论的分析［J］.财务与会计导刊，2006（10）.

［107］徐莉萍，龚光明．"财权流"与"利益相关者"的比较与融合［J］.财会月刊（理论），2005（9）.

［108］徐新华，黄小勇．基于委托代理理论的财务目标选择［J］.财会通讯，2006（5）.

［109］许小青，廖春玲．试论财务与会计的区别［J］.江西财税与会计，2002（3）：37.

［110］许小青．试论财务管理目标的主体差异性［J］.广东财会，2002（1）.

［111］许小青．外资并购促进国企改革的政府行为研究［J］.南昌大学学报（人文社会科学版），2006（4）.

［112］颜士梅，王重鸣．并购式内创业中人力资源整合风险的控制策略：案例研究［J］.管理世界，2006（6）.

［113］晏建伟．改善高等学校独立学院财务管理对策分析［J］.江苏科技信息，2009（8）.

［114］杨纪琬，夏冬林．怎样阅读会计报表（第3版）［M］.北京：经济科学出版社，2003.

［115］杨清香．企业财务控制权配置与财务治理模式——兼论我国国有控股上市公司财务治理结构的创新［J］.经济与管理研究，2008（3）.

［116］杨淑娥，金帆．关于公司财务治理问题的思考［J］.会计研究，2002（12）.

［117］杨晓嘉，陈收．中国上市公司并购动机研究［J］.湖南大学学报（社科版），2005（1）.

［118］叶生明．委托代理框架下的企业投资行为研究［D］.复旦大学博士学位论文，2006.

［119］衣龙新．财务治理理论产生、发展及其实践意义［J］.上海会计，2004（3）.

［120］余永定等．西方经济学［M］.北京：经济科学出版社，2002.

［121］袁建昌，魏海燕．企业生命周期不同阶段人力资本分享企业剩余权研

究 [J]．经济问题探索，2005（7）．

[122] 袁建昌．知识型企业人力资本分享企业剩余权研究 [J]．科技与管理，2005（4）．

[123] 袁振兴．财务目标：最大化还是均衡——基于利益相关者财务框架 [J]．会计研究，2004（11）．

[124] 曾楚宏，林丹明．不同类型企业成长过程中剩余权配置的比较 [J]．汕头大学学报，2003（3）．

[125] 张东明．对企业剩余权的重新解读 [J]．经济纵横，2011（3）．

[126] 张栋，杨淑娥．论企业财权配置——基于公司治理理论发展视角 [J]．会计研究，2005（2）．

[127] 张丽，郭金美，陈良凤．独立学院财务管理中的问题及其改进办法 [J]．湖南农业大学学报（社会科学版），2006（10）．

[128] 张鸣等．财务管理学（第 1 版）[M]．上海：上海财经大学出版社，2002．

[129] 张琦，张象玉，程晓佳．政府会计基础选择、利益相关者动机与制度环境的影响——来自中国的问卷数据检验 [J]．会计研究，2009（7）．

[130] 张秋来．基于 AHP 的利益相关者分类体系的构建 [J]．中南民族大学学报（自然科学版），2006（6）．

[131] 张维迎，姚洋．对话中国企业改革实录．新浪财经，2003 - 12 - 17．

[132] 张维迎．博弈论与信息经济学 [M]．上海：上海人民出版社，2004．

[133] 张维迎．所有制、治理结构及委托—代理关系——兼评论崔之元和周其仁的一些观点 [J]．经济研究，1996（6）．

[134] 张五常．企业的契约性质．企业制度与企业组织 [M]．上海：上海人民出版社，1983．

[135] 张彦．内部审计 [M]．上海：上海财经出版社，2003．

[136] 张玉珍．基于核心竞争力的企业并购动机研究 [J]．财经问题研究，2004（5）．

[137] 赵国宇，唐红．内部人控制、审计监督与管理者利益侵占 [J]．审计与经济研究，2012（7）．

[138] 赵守国，王焱．"债"与上市公司治理途径[J]．财经科学，1999(6)．

[139] 赵艳，刘玉冰．契约理论与会计政策选择研究 [J]．财务与会计导刊，2006（10）．

[140] 中国注册会计师协会．财务成本管理 [M]．北京：经济科学出版

社，2005.

[141] 周鹏，张宏志. 利益相关者的谈判与企业治理结构 [J]. 经济研究，2002 (6).

[142] 周其仁. 市场里的企业：一个人力资本和非人力资本的特别合约 [J]. 经济研究，1996 (6).

[143] 朱兰萍. 高校独立学院财务管理现状与对策 [J]. 教育财会研究，2006 (6).

[144] 朱卫东，杨春清. 利益相关者合作分享企业剩余权的逻辑 [J]. 科技管理研究，2012 (7).

[145] 庄莉，朱乃平. 独立学院财务模式的构建与思考 [J]. 财会研究，2010 (23).

后　　记

　　本书源于自己多年来在研究和教学中收集的企业案例，是站在产权主体效用目标、财务行为和财务治理的角度来进行论述的。书中案例大多来自企业实地调研，其余则来自吴晓波的《大败局》和新浪财经网，在此表示衷心的感谢！同时，书中大部分研究成果的相关内容已经或者即将在《江西社会科学》、《财会通讯》、《交通企业管理》等杂志进行发表，在此，也对已经发表本书内容的杂志表示由衷的谢意！

　　同时，本书得到了许多专家学者的帮助，特别是徐新华、饶庆林、刘红梅教授的直接参与，以及何世安、熊美福、邹晓雪等企业负责人的案例整理与提供，再有郭倩、万俏宇、程皇家等研究生的资料整理和部分内容的撰写。书稿的完成与这些人的帮助是分不开的，在此，也深表谢意！

　　书稿成型确实是多年的科研与教学积累，能够出版也感谢江西师范大学财政金融学院的大力支持，感谢陈运平教授、祝晓霞教授、卢宇荣教授、唐天伟教授的支持！

　　当然，著作的完成只是对过去研究的一个归纳和总结，在"人生有限，研究无限"的过程中，需要"百尺竿头、更进一步"的精神，在人生新的起点，找到新的研究定位。